135均線技術分析

征服股海，創造一億人生

170張圖精通MA的極致用法，學會如何順應局勢，實現暴賺目標！

【熱銷再版】 股市風雲◎著

大樂文化

Contents

沒有正確的交易方法，賺錢永遠只是奢望！

在股市中，不少投資者都抱怨「投資易，賺錢難」。有時候，股市有如大水坑，不論投進多少錢，都像是把貨物箱扔進水裡，最後能浮起來的所剩無幾。當行情好的時候，股市像是具有魔力的吸金石，吸引眾多資金以飛箭之姿火速進場。

其實，要從股市裡賺錢並非難事，很多時候投資者之所以賺不到錢，是因為缺乏正確的交易方法。

也許有人會反對這個說法，因為他們或多或少都用過宣稱可捕捉行情的看盤軟體，但是他們同樣沒有賺到錢。其實這一點也不奇怪，如果那些公司或專家販售的看盤軟體，真的能準確掌握股價趨勢，他們何必辛辛苦苦到處銷售軟體呢？

真正優異的股票交易法，必須經過市場的嚴格驗證，而且能免費使用。因為只有免費，才能讓多數投資者從實踐中驗證它的準確性。「135均線交易法」就是這樣的方法。

僅僅運用3條均線：13MA、34MA、55MA，簡化一般看盤軟體的5條或7條均線，以簡單便捷的方式，為投資者開啟一道通往財富的大門。

只要在看盤軟體中，調整週線圖、日線圖及短週期圖的均線參數，神奇的135均線系統就豁然出現在你面前。這種做法看似普通，卻奧妙無窮，因為當你面對耳目一新的135均線系統，不會再用從前的方式觀察行情、買進賣出，而是必須按照135均線交易法的要求嚴格執行。

135均線交易法具備選股原則和買賣策略，還有針對持股部位的規範。最與眾不同的地方在於，除了它以外，至今為止沒有任何一種交易方法，會要投資者每次操作都投入全部的資金。為什麼135均線交易法可以這樣大膽

要求？因為它以K線和多種指標的形態作為選股基礎，還有特殊的雙十獲利原則為它保駕護航。

　　什麼是雙十獲利原則？簡單地說，就是買進股票後持有20個交易日，獲利至少20%再出場。就是這麼單純！

　　為了讓投資者真正了解並學會135均線交易法，本書從基礎知識開始，介紹為何要使用135均線交易法、什麼是135均線交易法、它對參數設置有何要求，然後進一步解說操作原則、交易策略、判斷趨勢的技巧，以及選股步驟和持股原則等等。

　　本書在詳細講解135均線交易法的各層面知識時，都配合實際案例進行說明，以圖文並茂的方式呈現，讓可讀性更強。而且，在每一節的結尾提供實戰要領，作為補充說明。

　　此外，為了避免投資者錯誤使用135均線交易法，本書最後還專門安排一章，說明實際運用時常見的失誤，以期讀者能夠真正吸收並掌握135均線交易法，成功將股市的錢賺進口袋裡。

第 1 章

為何135均線
能在實戰搶得先機？

1-1 具備2大優勢：化繁為簡、容易發現股價趨勢

　　股票交易的手法層出不窮，各種門派的內容大多名目繁雜，但是135均線交易法僅用3條均線，就能引導投資者操作進而獲利。箇中原因就在於它具備以下的特點。

簡化繁複的均線系統

　　投資者在K線圖上觀察股票行情時，經常會有太多條均線的困擾。一般看盤軟體預設5MA、10MA、20MA、30MA和60MA，有的甚至包括120MA和240MA。要在一張圖上，同時觀察短期、中期與長期的均線變化，實在非常不方便。

　　也許有人會說，忽略不想看的均線，不就沒事了嗎？其實，進場的投資者總會不自覺地想要關注均線，因為無法忽視標的出現波動的可能性，哪怕是相當長週期的均線，也會禁不住去多看幾眼。

　　正是基於這種困擾，135均線交易法為投資者化繁為簡，讓均線一下子減少到3條。這個優點在均線發生纏繞時更加明顯，讓人一眼就能觀察到趨勢的演變。

⇧ 實戰案例

　　如圖1-1所示，華映科技（000536）在2016年5月底至6月中旬，135均線系統的3條均線呈現向上多頭排列，代表趨勢明顯上漲。此時，投資者可以選擇做多。

　　到了8月中旬至9月中旬，3條均線變成相互纏繞並向下空頭排列，代表

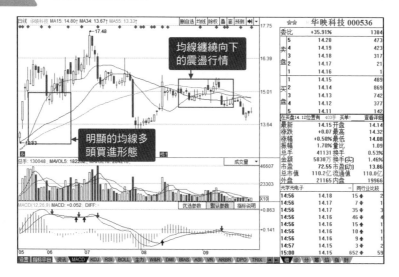

圖1-1 華映科技日線圖

趨勢震盪走低，投資者應觀望。從這個實例可見，運用135均線交易法觀察行情，一目了然。

💡 實戰要領

（1）雖然135均線交易法只用3條均線，但是一點也不單調呆板，投資者一定要先了解再使用。

（2）當運用這個交易法時，不可盲目使用系統預設的5MA、10MA、20MA、30MA、60MA，而是要按照要求調整參數，設定3條均線。

便於發現趨勢的變化

相較於普通的均線系統，135均線系統的實戰性更強，因為它幫助投資者更快發現趨勢變化，能在股價下跌之際賣出，在價格上漲之初買進。

⬆️ 實戰案例

如圖1-2所示（見下頁），2016年5月中旬至6月中旬，兔寶寶（002043）

圖1-2　兔寶寶日線圖

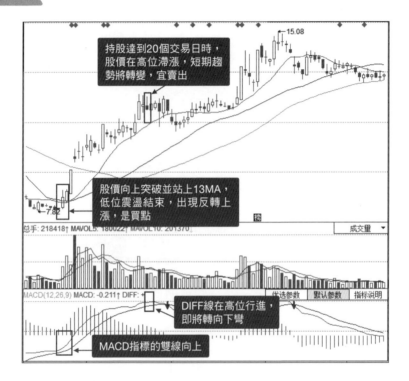

處於低位震盪行情，但到了6月23日，股價突然上漲並站上13MA。下一個交易日（即6月24日），股價繼續上漲且明顯脫離底部震盪，MACD指標向上揚起，趨勢的轉變很明顯，因此可以買進。

到了7月22日，股價在高位震盪，MACD指標已行進至高位。股價有短線修正的需求，而且依照135均線交易法的持股原則，此時剛好滿20個交易日，漲幅也達到20%，投資者應先行賣出。

像上述這樣按照135均線交易法的提示來操作，投資者可以買得清楚、賣得明白。

💡 實戰要領

（1）使用135均線交易法時，一定要嚴格遵守操作原則和持股原則，以

確保取得穩定的獲利。

（2）在尋找具體的買點和賣點時，可以結合短週期的分時K線圖，例如60分鐘K線圖、30分鐘K線圖，來研判股價高低點。

（3）除了觀察K線形態，也應觀察技術指標，唯有135均線和技術指標都發出上漲訊號時才能買進，不可盲目操作。

1-2 鑑別行情時，
必須看13日、34日、55日均線

名詞解釋

　　135均線是指13MA、34MA、55MA的組合，而「135」就是13、34、55第一位數的合稱。這個交易法的特殊之處，就在於使用的均線週期與一般系統不同。

⬆ 實戰案例

　　在貴州百靈（002424）的日線圖上，將看盤軟體的均線週期改為13、34、55，就可以透過3條均線所提示的價格走向判斷行情。如圖1-3所示。

以日線圖為主

　　由於135均線交易法採用雙十獲利原則，持股20個交易日就可以準備賣出，所以投資者觀察行情時，用日線圖最為恰當，而非反映大趨勢的週線圖。

⬆ 實戰案例

　　2016年8月初，深物業A（000011）的週線圖顯示為震盪向上趨勢，如圖1-4所示。此時若觀察30分鐘K線圖，如圖1-5（見16頁）所示，只能看出股價結束震盪，投資者可以趁機買進，卻無法把握其後較長週期的大趨勢。

　　如果回到日線圖上觀察，趨勢就會十分明顯。如圖1-6（見17頁）所示，股價已在2016年8月初結束震盪，成功站上13MA，同時MACD指標在0

圖1-3　貴州百靈日線圖

圖1-4　深物業A週線圖

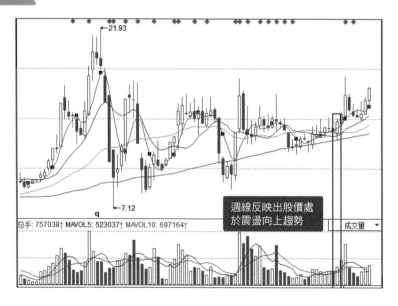

圖1-5　　深物業A 30分鐘K線圖

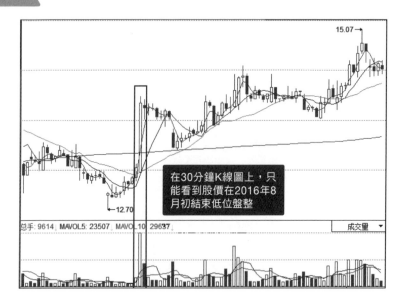

15.07→

在30分鐘K線圖上，只
能看到股價在2016年8
月初結束低位盤整

←12.70

总手: 9614 | MAVOL5: 23507 | MAVOL 10 29637

成交量 ▼

軸上方出現黃金交叉，是震盪上漲行情結束的買進點。

　　由這個案例可知，當運用135均線交易法時，日線是最實用的，週線只是協助投資者判斷大趨勢，而比日線更短的分時K線，則用來判斷具體的買賣點。

💡 實戰要領

　　運用135均線交易法時，應在最主要的日線圖基礎上，結合週線圖進一步確定趨勢。當買進或賣出時，要根據分時K線圖尋找高低點，才能擴大獲利並降低成本。

　深物業A日線圖

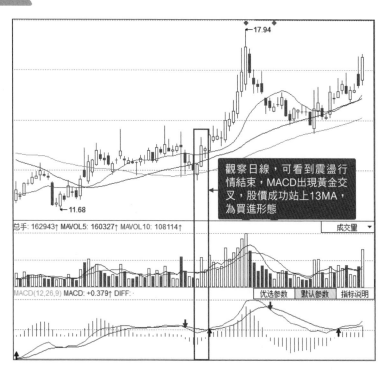

觀察日線，可看到震盪行情結束，MACD出現黃金交叉，股價成功站上13MA，為買進形態

1-3 只要你設定一次均線參數，系統就會自動顯示

日線圖均線的參數要求

在開始運用135均線交易法之前，必須先調整看盤軟體當中的均線參數。原本日線圖預設的均線參數大多是5、10、20、30、60這5條MA，我們必須手動更改為13、34、55。

實戰案例

打開一檔股票或大盤的日線圖，如圖1-7所示，在深深寶A（000019）的日線圖，將滑鼠游標對準其中一條均線，按下右鍵，會彈出一個快顯功能表。接著，點選該功能表的「修改指標參數（C）」選項。

然後如圖1-8所示，在彈出的「技術指標參數設置」對話方塊中，點選左上方的「均線」選項，再將下方的均線數值改為13、34、55。修改完畢後，按一下對話方塊右下方的「確定」按鈕。隨後，如圖1-9（見20頁）所示，系統會顯示出13MA、34MA和55MA。

實戰要領

（1）輸入13、34、55這3個數值之後，一定要將其他的均線數值都改成0，否則未更動的週期均線依然會顯示。

（2）系統會自動更改所有日線圖的均線設定，所以只需要設置一次，不用在每張圖上重複動作。

（3）只需要設置均線參數，其他技術指標像是BOLL、MACD等，使用系統預設的顯示值即可。

圖1-7　深深寶A日線圖

圖1-8　深深寶A日線圖

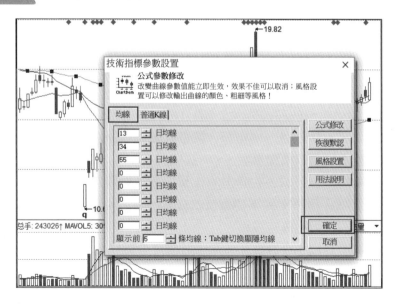

圖1-9　深深寶A日線圖

週線圖均線的參數要求

週線圖的均線參數也要重新設定，將預設的均線參數改為5、13、34、89這4條週MA。

實戰案例

打開個股或大盤的週線圖，如圖1-10所示，以凱盛科技（600522）為例，將滑鼠游標對準任意一條均線，按下右鍵，會彈出快顯功能表。接著，按一下該功能表的修改指標參數（C）選項。

然後，如圖1-11所示，在彈出的技術指標參數設置對話方塊中，點選左上方的均線選項，再由上到下將數值改成5、13、34、89。修改完畢後，按一下對話方塊右下方的確定按鈕。

隨後，如圖1-12（見22頁）所示，系統會自動修改週線圖上的均線。

圖1-10　凱盛科技週線圖

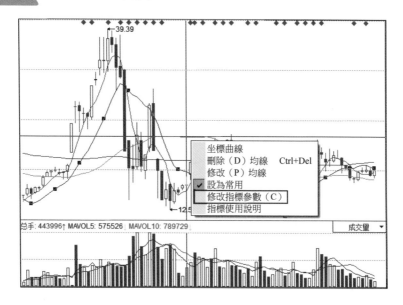

圖1-11　凱盛科技週線圖

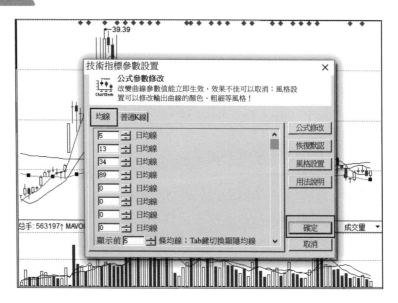

| 圖1-12 | 凱盛科技週線圖 |

💡 實戰要領

（1）輸入5、13、34、89這4個數值之後，一定要將其他的均線數值都改為0，否則未更動的週期均線依然會顯示。

（2）只需在個股或大盤的週線圖上設置一次，系統就會自動更改所有週線圖的均線設定。

（3）只需要更改均線參數，其他技術指標不必另行設定。

分時K線圖的均線參數要求

135均線交易法的最後一個事前設置，是修改5分鐘、15分鐘、30分鐘、60分鐘K線圖的均線參數。這些圖都是短期K線圖，要使用的均線參數皆為3、8、21、233，而設置和修改的方法與日線圖、週線圖大同小異。

圖1-13　積成電子5分鐘K線圖

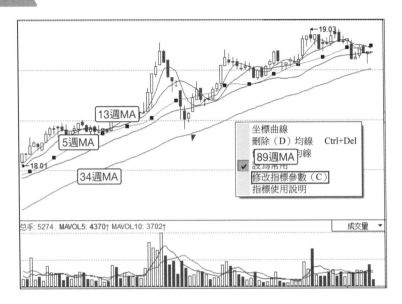

實戰案例

　　選取個股或大盤的分時K線圖，如圖1-13所示，以積成電子（002339）的5分鐘K線圖為例，將滑鼠游標對準任意一條均線，按下右鍵，就會彈出快顯功能表。接著，點選修改指標參數（C）選項。

　　然後，如圖1-14（見24頁）所示，在彈出的技術指標參數設置對話方塊中，點選左上角的均線，再將下方的均線參數依次改為3、8、21、233，而且將未設置的其他均線參數都改為0值，再按一下右下方的確定按鈕。

　　如此一來，如圖1-15（見24頁）所示，系統會自動修改在5分鐘K線圖上顯示的均線。

實戰要領

　　在設定5分鐘K線圖的均線參數之後，還需要修改和設置15分鐘、30分鐘、60分鐘K線圖的均線參數。

圖1-14　　積成電子5分鐘K線圖

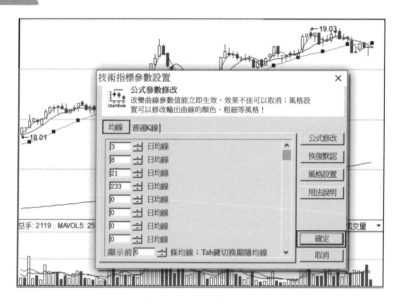

圖1-15　　積成電子5分鐘K線圖

1-4 搭配基本面與K線形態，更能提高投資勝率！

結合技術面與基本面

當利用135均線交易法判斷股價走勢時，不能過分依賴技術面，而是要結合基本面，儘量選擇技術形態良好且基本面優良的股票，來進行操作。

⬆ 實戰案例

如圖1-16（見下頁）所示，2016年8月初，煌上煌（002695）處於上漲趨勢的修正階段，並在8月9日一舉向上突破，重新站上13MA，135均線系統也回到標準的多頭排列格局。同時，MACD指標出現向上趨勢，是買進的好機會。

再查看煌上煌的基本面，研究後發現，2016年上半年的財務狀況良好，在同行業中排名第九位，而且盈餘公積高達7元左右（每股），未來實施高配股的機率較大，所以股價才在短暫修正後恢復上漲（編按：高配股是指配股或公積轉增資的比例很大，一般被視為未來業績增長的徵兆）。

上述情況代表煌上煌的基本面良好，因此當技術面在2016年8月9日出現買點，投資者應果斷選擇進場。

💡 實戰要領

（1）股價上漲離不開業績的支持，即使是ST股，也會因為某些因素（例如公司重組）讓投資者期待未來業績，而使股價連續上漲（編按：ST為Special Treatment的縮寫，意指特別處理。根據上海和深圳交易所規定，上市公司若出現異常情況而有下市風險，交易所將對該股發出風險警示和

圖1-16　煌上煌日線圖

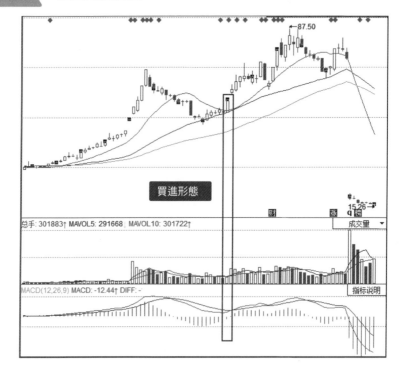

其他特別處理）。因此，技術面再好的股票也需要基本面支持。

（2）在一籃子同樣處於初步上漲形態的個股當中，投資者一定要選擇基本面相對優異的股票來操作。

（3）基本面除了財務指標分析之外，公司業績是否持續穩定增長，也是股價在技術面觸底後回升上漲的關鍵因素，尤其是小型股當中業績增幅較大的股票。

按圖索驥，守株待兔

「按圖索驥，守株待兔」指的是，在實戰中，投資者一定要根據K線形態來判斷是否可以出手：K線上漲時買進，下跌時賣出，至於K線圖尚未明顯出現買進或賣出形態時，投資者應耐心等待，絕不能勉強進行操作。也就

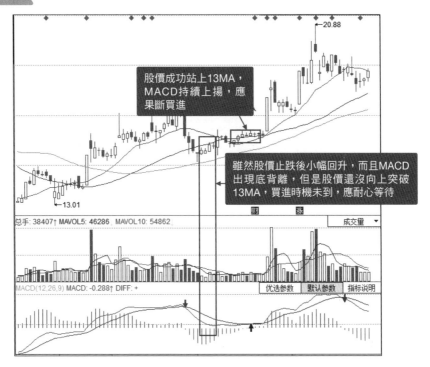

圖1-17　三元達日線圖

是說，如果沒有買進機會，就要耐心觀察K線圖上的變化，等待機會出現再
進場。

實戰案例

　　如圖1-17所示，2016年8月2～8日，三元達（002417）結束上漲過程中
的修正行情，出現小幅上漲，而且MACD指標呈現底背離。但是，根據135
均線交易法的買進原則，股價在此期間未能站上13MA，表示上漲趨勢不
強，極可能出現震盪後繼續走低，甚至是趨勢反轉，風險比較大，投資者應
持續觀察行情，耐心等待。

　　到了8月12～23日，儘管出現小幅震盪，股價已成功站上13MA，
MACD指標的DEA線走平、DIFF線向上，並在0軸附近出現黃金交叉，投資
者應該果斷買進。

💡 實戰要領

（1）買進股票時，一定要根據K線形態操作，不要主觀臆斷行情趨勢的演變。

（2）同樣地，賣出股票時，只要K線形態沒有出現頭部跡象，就要嚴格按照雙十獲利原則操作，才能讓利益最大化。

（3）在實戰中，儘管要按圖索驥，守株待兔，但也要根據盤面變化靈活變通，不要一味死守。比如說，在買進後，一旦發現K線形態突然走壞，就應果斷出場，以免被深套，因為股價的漲跌受到許多因素影響，很難預測後續的風險會有多大。

第 2 章

想學會135均線交易法，你必須懂6件事

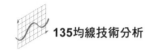
2-1 【操作原則】教你選股、買進、部位管理、停利停損……

　　135均線交易法有獨特的操作原則與技巧，從判斷趨勢、選股到實際買賣，都有與眾不同的原則。想要駕馭135均線交易法，必須先詳細了解這些內容。

選股原則

　　投資者在根據135均線交易法選股時，一定要遵守「選時重於選股」的原則，因為好公司並不等於好股票，好股票也並非在任何時候都好。每一檔股票都會經過上漲、下跌和震盪趨勢，唯有趨勢在底部反轉時，才是最好的買進時機。

　　也就是說，選擇在對的時機買進，往往比選擇買進特定的股票，更能從行情當中獲利。

🏠 實戰案例

　　貴州茅台（600519）是當之無愧的績優股，公司業績一直穩定增長，如圖2-1所示。但如果投資者在2016年7月21～29日，股價高位震盪但MACD向下滑落時買進，會很難獲利。

　　反觀2016年5月23～30日，股價結束修正行情，重新回到13MA之上。此時股價已經離開底部，但是漲幅不大，MACD指標出現黃金交叉並上揚。若在這時候買進，再按照雙十獲利原則賣出，獲利可能上看30%左右。

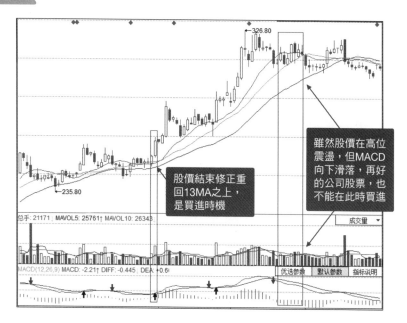

圖2-1　貴州茅台日線圖

股價結束修正重
回13MA之上，
是買進時機

雖然股價在高位
震盪，但MACD
向下滑落，再好
的公司股票，也
不能在此時買進

💡 **實戰要領**

（1）好公司的股價不一定會一直上漲，當好公司的股票大幅下跌，然後在低檔或上漲初期出現買進形態，才是最好的進場時機。

（2）選股時，一定要以股價走勢為基礎，並根據135均線買進形態的提示，在最恰當的時機進場，不能單看公司的業績就在高位接盤。

買進原則

運用135均線交易法進場時，應遵守「按圖索驥」和「重兵出擊」的原則，意思是無論處於什麼行情，如果技術指標沒有形成有效的買進形態，就要等待，堅決不進場，反之就要立刻大舉買進。

圖2-2 榕基軟體日線圖

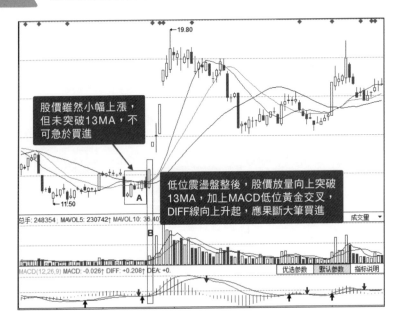

股價雖然小幅上漲，但未突破13MA，不可急於買進

低位震盪盤整後，股價放量向上突破13MA，加上MACD低位黃金交叉，DIFF線向上升起，應果斷大筆買進

實戰案例

如圖2-2所示，榕基軟體（002474）在2016年6月14～21日（即圖中A區），股價接連小幅上漲，但都沒有向上突破13MA，而且MACD指標出現死亡交叉。此時的技術指標與K線都不是上漲形態，因此要耐心等待，不能急於買進。

到了6月22日（即圖中B區），股價突然放量上漲，一舉向上突破13MA，而且MACD出現低位黃金交叉，DIFF線明顯向上攀升。此時的技術指標與K線都出現買進形態，投資者應果斷買進。

實戰要領

（1）進場買股前，一定要仔細觀察K線是否出現明顯的買進形態。

（2）不僅要觀察K線形態，還要確認技術指標也出現買進形態。只要

有一項不能滿足，就應繼續等待。

（3）當技術指標與K線都出現買進形態時，一定不能畏手畏腳，要敢於快速進場。

倉位管理原則

與其他股票交易法不同，在運用135均線操作時，無須分批買進或賣出，更無須少量參與。這是因為135均線交易法講究一定要等待對的形態出現，否則即便是少量參與也不允許。一旦發現明顯的買進形態，就要果斷全力出擊，等到賣出形態出現，更要及時賣出，不能拖泥帶水。

實戰案例

如圖2-3（見下頁）所示，2016年8月29日至9月5日，金輪股份（002722）處於上漲趨勢的修正行情，股價一直在13MA下方震盪，MACD也在低位震盪，說明弱勢依舊，投資者要耐心等待，不應在此時買進。

到了2016年9月6日，股價放量上漲並一舉突破13MA，MACD發出黃金交叉買進訊號，此時投資者應果斷全數投入，不要猶豫或少量買進再觀察。

再看到9月27～30日，股價又一次小幅修正，但此時尚未屆滿雙十獲利原則的賣出時間，股價上漲趨勢通常還未結束，投資者應繼續持有，先不要賣出。

10月14日達到雙十獲利原則的持有日數，一旦股價出現修正，投資者應果斷全數賣出，不要少量持有再等待。

實戰要領

（1）只要K線沒有出現買進形態，就要保留資金繼續觀察，不要擅自少量參與。

（2）一定要在發現買進形態後再全數投入，否則選股時的馬虎很容易造成投資失誤。

（3）買進後，只要持有不足20個交易日，即使在上漲過程中出現小幅修正，也不用驚慌，可以放心全數持有。

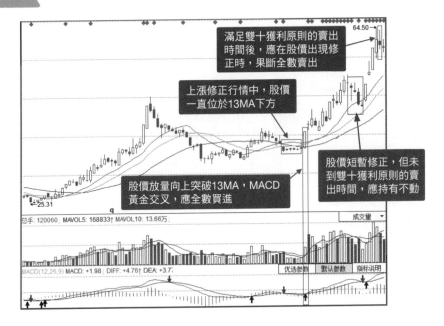

圖2-3　　金輪股份日線圖

滿足雙十獲利原則的賣出
時間後，應在股價出現修
正時，果斷全數賣出

上漲修正行情中，股價
一直位於13MA下方

股價短暫修正，但未
到雙十獲利原則的賣
出時間，應持有不動

股價放量向上突破13MA，MACD
黃金交叉，應全數買進

賣出原則

　　賣出股票時，135均線交易法採用雙十獲利原則，就是買進股票並持有20個交易日後，如果實現獲利20%的目標，而且股價有走弱跡象，或K線出現像是一枝獨秀、獨上高樓等頭部形態，就應及時賣出落袋為安，然後尋找下一個標的。

實戰案例

　　2016年6月27日，中國軟體（600536）的MACD指標出現黃金交叉，股價放量向上突破13MA，是買進形態，應依照買進原則進場。在20個交易日後的7月22日，K線出現一枝獨秀賣出形態，再加上此時已達成獲利20%的目標，投資者應依照賣出原則出場，另外選擇其他操作目標。如圖2-4所示。

圖2-4　中國軟體日線圖

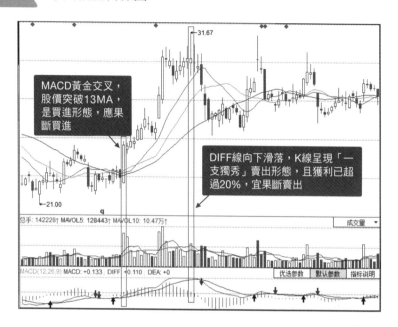

MACD黃金交叉，股價突破13MA，是買進形態，應果斷買進

DIFF線向下滑落，K線呈現「一支獨秀」賣出形態，且獲利已超過20%，宜果斷賣出

實戰要領

（1）投資者使用135均線交易法時，如果K線出現「紅杏出牆」買進形態，則雙十獲利原則的持股時間應改為10天，獲利目標改為10%。

（2）在使用雙十獲利原則時，持股時間不要過於死板，如果持股17日即獲利20%，而且已經出現頭部形態，就應當賣出。

（3）如果在持股20個交易日之後，依然未見頭部形態，而且股價持續上漲，投資者可以繼續持股，直到明顯的頭部形態出現再賣出。

停利與停損原則

投資者在買進前要先預設一個停損點和停利點，買進後如果股價沒有上漲，或是僅僅上漲數日就轉向下跌，一旦跌破停損點，就應果斷出場。同樣地，如果持股超過20個交易日後，依然未出現頭部形態，或是持股未滿20個

圖2-5　啟明星辰日線圖

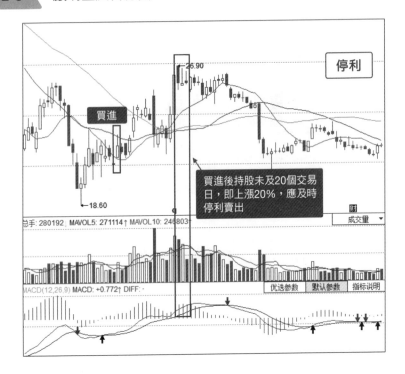

交易日便達到20%獲利，就要根據停利點，待股價快速上衝到這個價位，就果斷獲利了結。

實戰案例

（1）停利

2016年3月14日，啟明星辰（002439）的MACD指標出現黃金交叉，股價跳空突破13MA，並持續上漲。如果在此時買進，一路持有至6月29日，在僅僅13個交易日內漲幅即達到20%。這時候，K線出現頭部形態，股價不再上漲，投資者應及時停利賣出。如圖2-5所示。

（2）停損

2016年2月16～17日，億利達（002686）的MACD雙線上揚，股價向上突破13MA。如果投資者在此時買進，持有到2月25日，股價突然出現長陰線

圖2-6　億利達日線圖

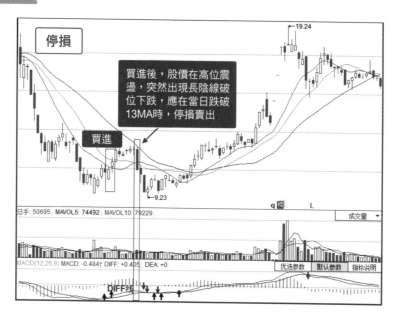

破壞漲勢。當股價向下跌破13MA，MACD指標的DIFF線也下滑，應果斷賣出停損，因為這代表股價的低位震盪尚未結束。如圖2-6所示。

💡 實戰要領

（1）在設定停損點時，不要訂定固定價格，而是要以技術指標為基準，例如一旦股價跌破13MA或34MA就賣出，因為這往往代表趨勢轉弱。

（2）如果買進後持有不足20個交易日，就出現頭部形態，不管獲利多少，都要及時停利賣出。

（3）如果買進後持有超過20個交易日，獲利也已超過20%，而且沒有明顯的頭部形態，技術指標仍繼續上揚，則不應過早停利。

2-2 【交易策略】無趨勢時不交易，嚴格按形態操作

無趨勢時不交易

　　無論使用哪一種交易法，目標都是要正確判斷股價趨勢，135均線交易法也不例外。如果趨勢不夠明朗，比如說，股價向上突破13MA，但是13MA向下滑落，或是技術指標走平。在這些趨勢不明的情況中，投資者應暫時觀望不交易，寧可錯過也要放棄進場。

⬆ 實戰案例

　　2015年9月9～10日，聖農發展（002299）的股價向上突破13MA，成交量持續放大，但是13MA卻明顯向下滑落，未來趨勢轉變的訊號不夠強烈。此時投資者應採取觀望策略，因為股價繼續在低位震盪的機率比較大，不應貿然買進。如圖2-7所示。

💡 實戰要領

　　（1）如果技術指標或K線形態看似符合交易條件，但是趨勢指向不夠明朗，就不能盲目交易，應繼續觀望。

　　（2）只有在上升趨勢明朗，出現明確買點時，才是真正的進場時機。

　　（3）大跌之後首次出現的買進形態通常不宜參與，因為短期內無法確定其後的行情，是否能快速反轉。

　　（4）震盪行情的趨勢通常不明確，即使股價向上突破13MA，也不代表趨勢即將出現轉折，投資者不應過早參與。

圖2-7　　聖農發展日線圖

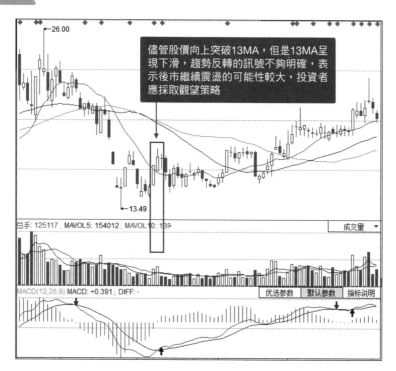

儘管股價向上突破13MA，但是13MA呈現下滑，趨勢反轉的訊號不夠明確，表示後市繼續震盪的可能性較大，投資者應採取觀望策略

嚴格按形態操作

K線出現買進形態就要進場，在持有的過程中，一旦K線或技術指標出現賣出形態，就應果斷賣出。

實戰案例

2016年7月18日，用友網路（600588）在縮量跌破13MA後，迅速回升到13MA之上，而且MACD指標的雙線穩健向上，形成買進形態，投資者應抓住機會進場。如圖2-8（見下頁）所示。

實戰要領

（1）在實際交易中，即使錯過趨勢反轉的最佳買進時機，只要在短暫

圖2-8　　用友網路日線圖

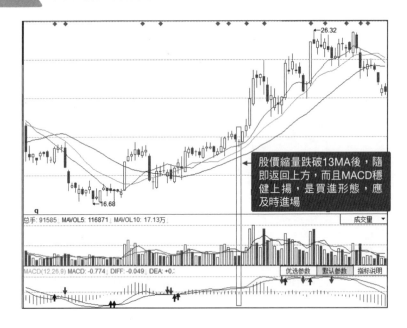

股價縮量跌破13MA後，隨即返回上方，而且MACD穩健上揚，是買進形態，應及時進場

下跌修正後，技術指標和均線系統都呈現上漲時，同樣可以買進，但是持股時間不應以日數計算，而應根據形態的變化靈活調整。

（2）無論何時，只要技術面出現頭部形態，都應果斷賣出。

（3）要嚴格遵照技術指標與K線形態進行操作，唯有兩者皆呈現買進形態時，投資者才能進場。

2-3 【趨勢判斷】想知道股價往哪走，均線排列透露玄機

上漲趨勢的135均線多頭排列

當13MA在最上方，其下依序為34MA、55MA，而且3條線都向上揚時，是均線的多頭排列形態，代表股價行情上漲，盤中應積極做多。特別是當股價跌破13MA，又再度回到該線上方，只要代表趨勢上漲的均線多頭排列不改變，就可以大膽買進。

👆 實戰案例

如圖2-9所示（見下頁），2016年6月，國光股份（002749）的13MA、34MA及55MA形成依次向上行進的多頭排列，但是到了7月中旬，股價跌破13MA，上漲趨勢遭到破壞。在8月初止跌之後，股價在8月8日向上突破13MA，但是13MA依然下滑，代表後市仍會反覆震盪，投資者應保持觀望。

到了8月29日，股價再次向上突破13MA，3條均線形成上揚的多頭排列，MACD指標的雙線也穩健向上。這說明股價結束修正，恢復上漲趨勢，投資者應積極買進。

💡 實戰要領

（1）每次股價上漲時，均線都會出現多頭排列形態，投資人要把握此形態初步構成的時機。

（2）除了判斷均線是不是多頭排列，還要觀察其他技術指標。唯有技術指標也呈現上揚，才能確認上漲行情，否則趨勢仍然不明朗，投資者應保持觀望。

図2-9 國光股份日線圖

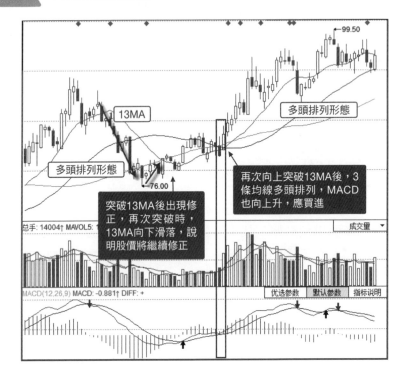

下跌趨勢的135均線空頭排列

在下跌趨勢中，55MA在最上方，其下依次為34MA、13MA，而且3條線都向下滑落，是均線的空頭排列形態。當這個形態出現在一波連續下跌時，即使後市跌勢漸緩，因為大趨勢並未改變，投資者應保持觀望。

實戰案例

如圖2-10所示，*ST中基（000972）自2016年4月中旬開始轉為下跌，日線圖上出現55MA、34MA、13MA依次向下滑落的空頭排列形態。此時股價處於直線下跌或震盪下跌的行情，投資者應保持觀望。

圖2-10　　*ST中基日線圖

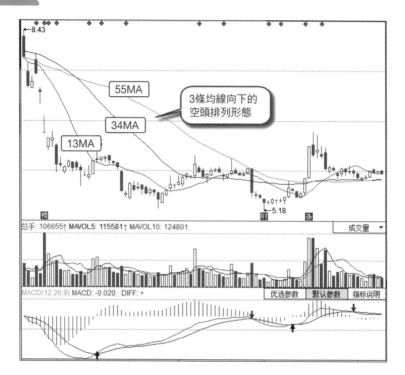

實戰要領

（1）在實戰中及時發覺均線的空頭排列形態，可以避免不當操作帶來的損失。

（2）只要135均線出現空頭排列，就不能參與行情，尤其是各條均線相距較遠時，下跌的幅度往往會更大。

（3）當135均線出現空頭排列，即使技術指標向上揚，也不能輕易參與，因為這是底背離形態，不代表底部已經形成。

震盪行情的135均線纏繞形態

當行情出現震盪，股價走勢不明，135均線之間會相互纏繞，包括以下2

圖2-11   東信和平日線圖

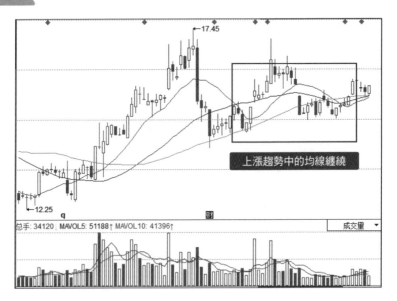

種情況。

（1）在一波下跌後：55MA向下彎，13MA和34MA對55MA纏繞。

（2）在一波上漲後：55MA向上揚，13MA、34MA及55MA之間互相纏繞。

無論哪一種均線纏繞，通常都是股價修正的表現，行情會進入盤整階段。這時要按照K線形態，判斷應該買進或賣出。

⇧ 實戰案例

（1）上漲趨勢中的均線纏繞

如圖2-11所示，2016年8月初，東信和平（002017）在上漲過程中出現修正，最下方的55MA始終保持上揚，13MA和34MA開始向下，最終與55MA相互纏繞，形成震盪行情。此時投資者應保持觀望，等待纏繞結束、K線出現明顯的買進形態，才能選擇進場。

（2）下跌趨勢中的均線纏繞

2016年6月，中銀絨業（000982）在下跌過程中出現13MA、34MA對

圖2-12　中銀絨業日線圖

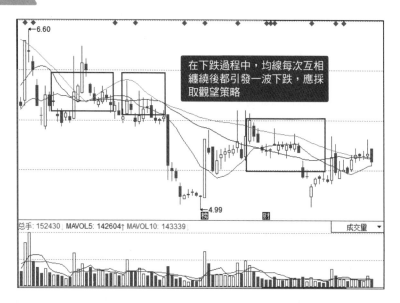

55MA纏繞，且55MA向下滑。每次在下跌趨勢中出現均線纏繞，行情會止跌震盪，隨後再引發新一波下跌，投資者要採取觀望策略。如圖2-12所示。

實戰要領

（1）震盪行情通常會伴隨均線纏繞，此時55MA的走向往往能預告震盪是否將要結束。但這只是前提，投資者還要結合其他指標做判斷。

（2）在長期震盪行情中，均線方向往往不明確，但通常會和技術指標一起水平震盪。只有在均線與技術指標都明顯上揚，而且K線形態符合買進條件時，投資者才可以進場，否則都要採取觀望。

（3）當日線圖上的均線相互纏繞，即使K線形態出現轉變，投資者也應結合週線圖來判斷行情，再決定操作與否。

2-4 【選股步驟】用日線初選、週線複查，然後怎麼決定買點？

步驟1：用日線初步篩選

在選股時，要優先使用日線做篩選，將符合條件的股票放入口袋名單。只有在日線圖上出現買進形態，才能進一步用週線圖觀察分析。

⬆ 實戰案例

2016年8月12～13日，＊ST中基（000972）的日線圖出現放量上漲，股價以一陽穿三線形態向上突破13MA，MACD指標的雙線上揚，DIFF線明顯向上騰高。此時投資者不可貿然買進，應將這檔股票放入口袋名單，進一步觀察再決定操作。如圖2-13所示。

💡 實戰要領

（1）使用135均線交易法選股時，因為日線呈現的週期長度相對適中，所以應以日線圖為準，但這只是初選，並非買進的最終理由。

（2）日線反映的股價變化相對較快，所以在完成初選後，要再用較長週期的週線圖去觀察趨勢。

（3）用日線選股時，別忘記觀察技術指標，只有K線形態及技術指標同時上漲，投資者才能將這檔股票放入口袋名單。

步驟2：用週線複查趨勢

週線呈現的股價週期比較長，在反映價格變化上有些遲鈍，適合用來確

圖2-13　　*ST中基日線圖

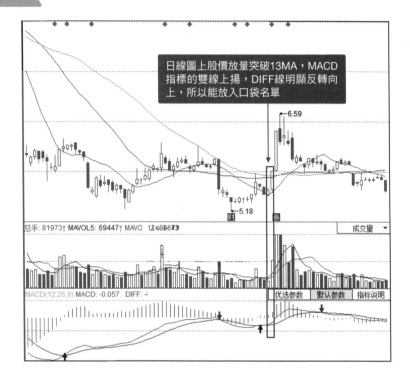

日線圖上股價放量突破13MA，MACD
指標的雙線上揚，DIFF線明顯反轉向
上，所以能放入口袋名單

認趨勢。只有週線和日線都同時顯示上漲，股票的上升趨勢才能長時間延
續，所以利用日線完成初步篩選後，一定要再用週線鑑別，去偽存真，確保
能夠實現獲利。

實戰案例

繼續以*ST中基（000972）為例，如圖2-14（見下頁）所示，該股在
2016年8月12～13日的表現符合買進標準，所以再用週線進一步觀察。可以
看出*ST中基正處在大跌後的低位震盪行情，5週MA向下滑落，股價在89週
MA下方弱勢震盪，MACD指標的雙線也在0軸下方震盪。

綜合週線的情況，投資者會發現日線圖上看似優良的表現，其實只是震
盪走低後的反彈，所以不應盲目買進，要再繼續觀察。

| 圖2-14 | *ST中基週線圖 |

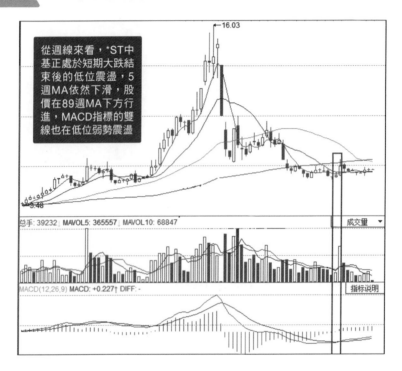

從週線來看，*ST中基正處於短期大跌結束後的低位震盪，5週MA依然下滑，股價在89週MA下方行進，MACD指標的雙線也在低位弱勢震盪

💡 實戰要領

（1）週線主要是用來觀察趨勢，完成日線初選後，只有週線呈現上漲趨勢時，才能決定買進，否則要暫時放棄進場。

（2）在利用週線複查時，同樣須結合其他技術指標綜合判斷，不能馬虎行事。

（3）如果5週MA向下滑，往往表示股價尚未跌到谷底，應繼續觀望。若股價在89週MA下方行進，更是弱勢的象徵。之後，當股價第一次向上突破89週MA，如果技術指標沒有發出明顯的上漲訊號，這種向上突破只是暫時反彈，股價往往還會圍繞89週MA繼續震盪。

圖2-15　　楊子新材日線圖

股價向上突破13MA後，MACD出現黃金交叉，可放入口袋名單

13MA

步驟3：用分時K線決定買點

選股的最後一個步驟是使用分時K線，尋找具體可買進的低點。根據個人習慣，投資者可以選用1分鐘、5分鐘、15分鐘、30分鐘、60分鐘K線圖或分時圖。只要看到K線形態與技術指標同時呈現上漲趨勢，就可以放心買進。

實戰案例

如圖2-15所示，2016年9月下旬，楊子新材（002652）的日線先是跌破13MA、34MA、55MA，然後再向上突破這3條均線，而且MACD的雙線在0軸上方形成黃金交叉。投資者可以將該股放入口袋名單。

完成日線初選後，再用週線複查。如圖2-16（見下頁）所示，之前揚子

圖2-16　楊子新材週線圖

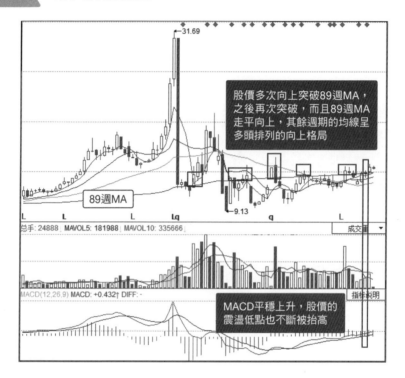

新材的股價已多次向上突破89週MA，這時再一次向上突破，而且89週MA走平向上，其他均線呈現分散向上的多頭排列。

　　股價在低位震盪的過程中，震盪低點不斷被抬高，MACD的雙線在低位纏繞後，也持續緩慢上揚，直至2016年9月26日接近0軸。以上都表明，股價結束弱勢震盪的機率極大，投資者可以選擇買進。

　　完成日線初選與週線複查之後，要選擇買點。如圖2-17所示，觀察揚子新材9月27日的15分鐘K線圖，會發現當日開盤後，股價大幅震盪向上，在當日的10點15分，股價向上突破15分鐘K線的3MA，並持續走強，說明股價在開盤後短線止穩，投資者應果斷買進。

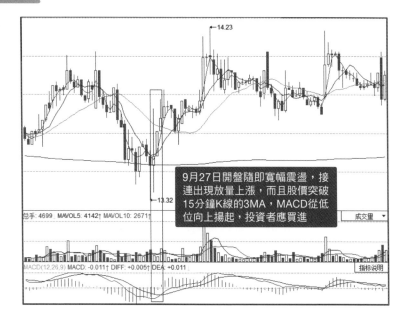

圖2-17　楊子新材15分鐘K線圖

💡 實戰要領

（1）決定買點之前，應先採取日線初選和週線複查，不能只根據分時K線的變化來選擇買點。

（2）有了前2個步驟為基礎，即使未能嚴格按照形態在低點買進也不要緊，但有一點必須保證：分時K線圖上的股價一定要呈現上漲。

（3）若分時K線圖上的股價呈現下跌，投資者不能抱著在底部進場的心態買進，因為短週期的股價持續下跌，有可能導致長週期的趨勢改變。投資者應在分時K線圖由弱勢轉成強勢時買進。

2-5 【選股策略】每天觀察 5檔個股，發現這些形態才出手

每週25檔股票

每週25檔股票是指，在每週正常有5個交易日的情況下，一天最多選擇5檔股票復盤觀察，合計就是一週25檔股票。如果當週沒有選到可買進的標的，下一週要重新再以每天5檔的數量，來篩選新股票。

復盤觀察時，要檢視這5檔股票的均量線變化、技術指標有無黃金交叉、55MA是否上揚、股價是否向上突破13MA等等（編按：「復盤」指的是定時瀏覽個股和大盤的表現，藉此了解市場變化，從過往走勢總結出未來投資方向）。

🏠 實戰案例

2016年9月中旬，成都路橋（002628）的日線呈現橫盤震盪，34MA和55MA在震盪纏繞中逐漸轉為上揚，MACD的雙線在0軸附近小幅震盪。用日線初選後，再用週線複查，如圖2-18和圖2-19所示。

然後，到60分鐘K線圖和日線圖上，復盤觀察均量線和技術指標的情況。如圖2-20（見54頁）所示，在這個案例中，9月20日開盤後的10點30分，60分鐘K線圖的均量線和均線皆向上翹起，MACD出現黃金交叉且DIFF線明顯騰高，日線圖的MACD也有黃金交叉，此時投資者應果斷買進。

💡 實戰要領

（1）每天5檔股票，投資者切勿貪多，否則觀察的股票太多，很容易顧此失彼。

圖2-18　　成都路橋日線圖

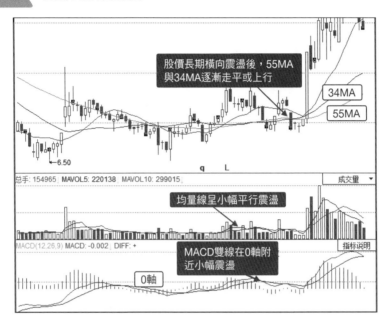

股價長期橫向震盪後，55MA
與34MA逐漸走平或上行

34MA

55MA

均量線呈小幅平行震盪

MACD雙線在0軸附
近小幅震盪

0軸

圖2-19　　成都路橋週線圖

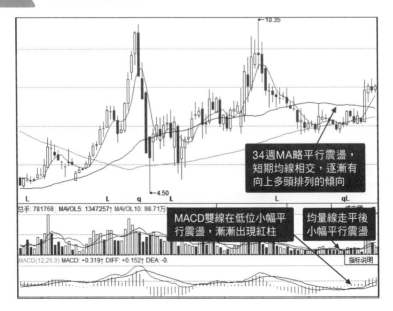

34週MA略平行震盪，
短期均線相交，逐漸有
向上多頭排列的傾向

MACD雙線在低位小幅平
行震盪，漸漸出現紅柱

均量線走平後
小幅平行震盪

圖2-20　　成都路橋60分鐘K線圖

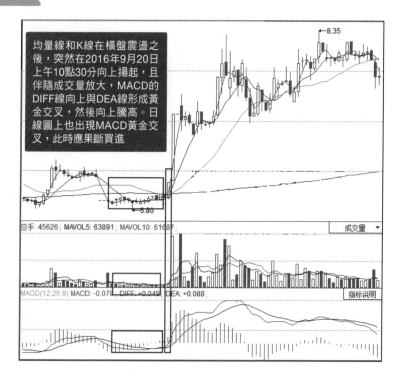

（2）對於上一週形態極好、但未出現買點的股票，可以繼續放入口袋名單，與每日5檔新的股票一起觀察。

（3）復盤觀察時，主要可以運用60分鐘K線圖，如果投資者慣用30分鐘或15分鐘K線圖，甚至是分時圖也可以，只須記得要再回到日線圖上做判斷。

每小時觀察指標變化

在分時K線圖復盤觀察時，須結合K線形態和技術指標，每隔1小時檢查一次它們的細微變化。技術指標包括MACD、BOLL、KDJ等，在捕捉買點時，以MACD較為準確。

其次，要觀察均量線的變化，因為成交量柱線有時候容易誤導人，例如

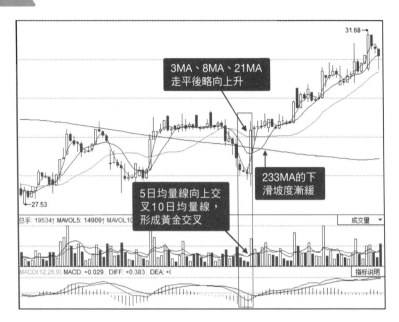

圖2-21　千山藥機60分鐘K線圖

在實施高配股前後的成交量，應切換到除權前或除權後再觀察才準確。

　　最後是查看均線的變化。行情起漲時，長期均線往往在最下方，其他均線按週期由長至短依次向上排列，短期均線會明顯向上反轉，長期均線（如233MA）則至少是走平的狀態。

↑↑ 實戰案例

　　假設在2016年9月29日，從日線圖與週線圖上確定要將千山藥機（300216）列入觀察，接下來，投資者要每小時關注分時K線圖的變化。

　　以60分鐘K線圖為例，如圖2-21所示，該股在9月30日開盤後一直延續窄幅震盪走勢，直到下午2點股價開始上漲，3MA明顯向上揚起，下方依次是8MA、21MA，也都呈現上揚，最下面的233MA雖然維持向下，但是下滑的坡度已經漸緩。

　　同時，5日均量線往上與10日均量線形成黃金交叉，並且MACD指標的DIFF線位於DEA線之上，雙線穩健上揚。所有指標變化都說明橫盤震盪已經

結束，股價將開始向上突破，投資者應果斷買進。

💡 實戰要領

（1）在觀察指標變化時，若想看得更細微，可以運用30分鐘、15分鐘等週期更短的分時K線圖。

（2）如果分時K線圖的週期過短，如1分鐘K線圖，呈現的全天行情波動往往會很大。投資者應注意，不要被短線上看似大幅度的波動所迷惑，日線、週線才是根本的選股依據，分時K線圖只是用來尋找買賣點。

（3）若發現分時K線圖上的指標形態同時變弱，應及時觀察日線，看看短期的弱化是否造成長期趨勢改變。

2-6 【持股原則】雙十獲利、55日極限持有，還要觀察什麼？

雙十獲利原則

雙十獲利原則是指，依據135均線交易法的要求買進後，在持股20個交易日、獲利達到20%甚至超過20%時，投資者就要提高警覺，一旦發現K線出現明顯的頭部形態，就應果斷賣出。

🏠 實戰案例

如圖2-22（見下頁）所示，2016年8月3日，萬科A（000002）在前一日突破13MA的基礎上，直接跳空開高，而且5日均量線向上穿越10日均量線，形成黃金交叉，MACD的雙線也出現黃金交叉，投資者可在此時買進。

之後股價快速上揚，僅僅9個交易日就上漲約10元，此時投資者要提高警覺。果不其然，隨後股價開始修正，在持有的第11個交易日（即8月18日）短暫衝高就回落，均量線也開始下滑，表示量能不足。

同時，MACD指標的DIFF線在到達高峰後下滑，說明股價短期遇頂的機率極大。投資者不應死守雙十獲利原則中的持股20個交易日，要以短期內獲利最大化為主要考量，在頭部形態出現時果斷賣出。

💡 實戰要領

（1）持股20個交易日後，如果股價未上漲20%，但已經出現頭部形態，就應賣出股票。

（2）雙十獲利原則只是135均線交易法建立的持股約定，不代表一定要持股20個交易日。投資人應以獲利為目的，依K線形態彈性判斷賣出時機。

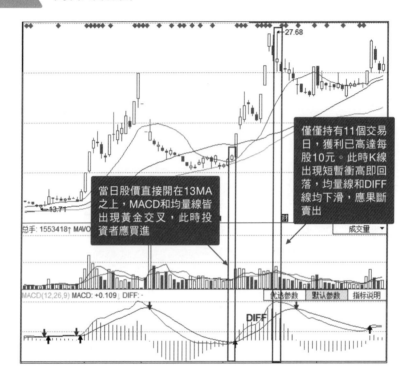

圖2-22　　萬科A日線圖

（3）如果稍微錯過最佳買進點，還是可以進場，但是持股時間應從20個交易日減去所超出的時間。賣出時同樣如此。

55日極限持有原則

　　股票交易法難免會有缺陷，135均線交易法也不例外。比如說，買進後持股20個交易日，且獲利達到20%之後，照理來說應該要賣出，但如果股票的上升趨勢依然良好，投資者應該獲利了結嗎？

　　答案是可以繼續持有，但持股時間最長不能超過55個交易日。其原因在於，55日恰好是個極限，過了55個交易日，就會影響55MA的變化，進而影響89週MA的走勢。

圖2-23　　南大光電日線圖

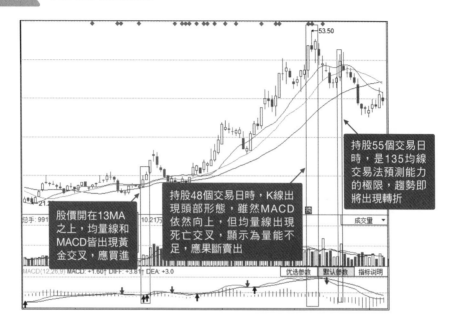

持股55個交易日時，是135均線交易法預測能力的極限，趨勢即將出現轉折

持股48個交易日時，K線出現頭部形態，雖然MACD依然向上，但均量線出現死亡交叉，顯示為量能不足，應果斷賣出

股價開在13MA之上，均量線和MACD皆出現黃金交叉，應買進

實戰案例

　　如圖2-23所示，2016年5月3日，南大光電（300346）向上跳空開在13MA之上，均量線和MACD指標都出現黃金交叉，投資者可以買進。

　　持有屆滿20個交易日時，股價仍然上漲，所以繼續持股。持有48個交易日後到了7月11日，K線出現明顯的頭部形態，而且5日均量線向下穿越10日均量線，形成死亡交叉，說明量能萎縮，不過MACD還是維持向上。此時，投資者應賣股出場。

　　如果沒有賣出，到了7月20日股價再次衝高，而且持股已滿55個交易日，135均線交易法即將遇到預測能力的極限，投資者一定要果斷賣出。

實戰要領

　　（1）55日是135均線交易法的一個極限，其後的行情變化將超出135均線系統的適用範圍，除非遇到極為特殊的情況，否則不應挑戰這個極限。

　　（2）按照135均線交易法買進的股票，在99%的情況中，K線在持股時

間接近55日之前，會出現明顯的頭部形態，技術指標也會出現回落，投資者應在抵達55日極限之前的頭部形態果斷賣出，不要幻想股價會持續再漲。

（3）沒有只漲不跌的股票，即使是表現良好的強勢股，通常最多只會上漲30個交易日左右。遇到這種持續上漲的股票時，特別是在股價出現翻倍行情之後，投資者應時刻關注頭部形態，不要刻意挑戰55日交易極限。

觀察週線和月線

使用135均線交易法買進股票前，都會用週線進行檢驗，比較少運用月線，因為依照雙十獲利原則，投資者一般在持有20個交易日左右就會賣出。然而，也可能遇到需要拉長持股時間的特殊情況，所以要適時追加觀察月線的變化。

使用月線時，需要將均線參數改為3、7、18，並在每個月的最後一天，對買進或即將買進的股票進行複查。買進前，若月線趨勢正好改變，應暫停買進。賣出前，若月線依然強勁上漲，則可以適時延後賣出，前提是日線和週線仍然處於良好的上漲趨勢。

實戰案例

2016年8月初，假設投資者透過日線觀察，將山東藥玻（600529）放入口袋名單，隨後用週線複查，發現K線、均量線、MACD指標都呈現良好的上升趨勢，最後再觀察月線，也看到走勢上漲，因此可以放心進場。

買進股票後，投資者應在每週五對週線進行複查。如圖2-24所示，週線一直呈現良好的上漲形態，直到9月的最後一週出現一根陰十字星，表示多空雙方分歧劇烈。

此時正好是月底，投資者應再觀察月線的變化。如圖2-25所示，山東藥玻的月線依然處於上升趨勢，且之前連續出現7根陽線，代表股價有7個月一直接連上漲。

但是到了10月初，開盤後月線開低，月線的3MA顯現上揚乏力的跡象，同時週線（如圖2-25）出現接連向下的十字星。再回到日線上，如圖2-26（見62頁）所示，可以發現9月末和10月初出現連續下行的小陽線，而且均

圖2-24　　山東藥玻週線圖

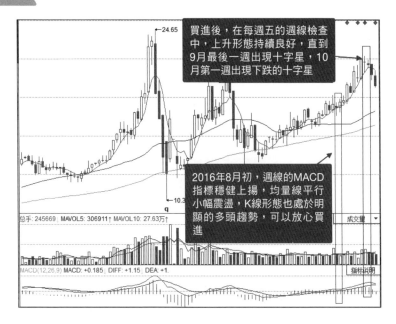

買進後，在每週五的週線檢查中，上升形態持續良好，直到9月最後一週出現十字星，10月第一週出現下跌的十字星

2016年8月初，週線的MACD指標穩健上揚，均量線平行小幅震盪，K線形態也處於明顯的多頭趨勢，可以放心買進

圖2-25　　山東藥玻月線圖

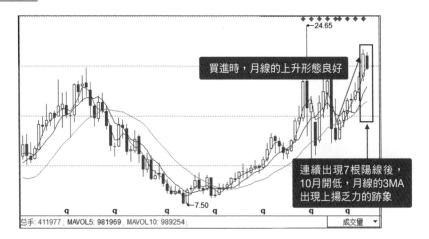

買進時，月線的上升形態良好

連續出現7根陽線後，10月開低，月線的3MA出現上揚乏力的跡象

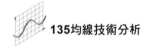
圖2-26　　山東藥玻日線圖

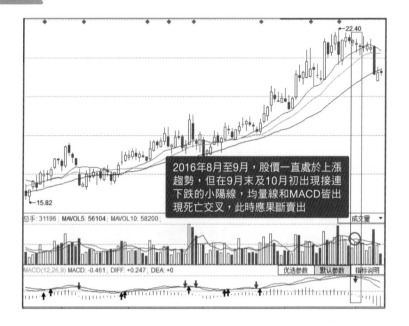

2016年8月至9月，股價一直處於上漲趨勢，但在9月末及10月初出現接連下跌的小陽線，均量線和MACD皆出現死亡交叉，此時應果斷賣出

量線和MACD指標都形成死亡交叉，因此投資者應果斷賣出。

💡 實戰要領

（1）除了最初選股時要用週線複查，買進後也要在每週五進行複查，以確保趨勢穩定。如果週線的上漲趨勢改變，應及時賣出。

（2）買進股票時，月線應處於上漲趨勢，買進後也要在每個月的最後一天，對股票進行複查。

（3）持有股票時，若發現月線出現細微下滑或是高位震盪，應及時回到週線和日線觀察。尤其是在獲利已達20%，持股時間接近20個交易日時，一旦發現週線或日線出現頭部跡象，就應果斷出場。

（4）一般來說，週線和月線協助投資者把握中長期趨勢，而股價的短期變化則應回到日線上觀察。

第 3 章

如何找到買點？
27個技巧包你買得最划算

3-1 即使日線、週線顯示可以進場，也要復盤觀察

　　135均線交易法有獨到的買進技巧，例如：什麼形態才是買點、什麼形態可以逢低進場、什麼形態是第二買點、什麼形態代表中途盤整、什麼形態代表主力洗盤結束、什麼形態暗示股價快速上漲……。了解這些經典的買進形態和技巧，投資者才能真正掌握135均線交易法的買股精髓。

復盤選股的策略與技巧

　　投資者應嚴格按照日線初選、週線複查的原則，決定是否買進，但在實戰中，並非每次日線與週線皆呈現買進形態時，都可以閉著眼進場，因為即使出現再好的形態，行情也可能有變化。

　　因此，復盤顯得尤為重要。當個股在復盤時突然趨勢轉變，就不能即刻買進，而是要暫時觀望，等待股價再次走強。

⬆ 實戰案例

　　如圖3-1所示，2016年5月18～20日，北斗星通（002151）接連出現增量小陽線，MACD和均量線都形成黃金交叉，可以放入口袋名單進一步觀察。考慮到該股在4月28日實施高配股，所以要將股價切換至除權前的日線圖來觀察。

　　完成日線初選後，再觀察北斗星通的週線。如圖3-2所示，雖然34週MA與89週MA依然位在股價上方，但距離並不遠，而且已經轉向上揚，股價也向上突破5週MA與13週MA，表示趨勢開始反轉。另外，MACD指標的雙線明顯向上揚起，10日均量線走平，5日均量線上揚。

圖3-1　北斗星通日線圖（除權前）

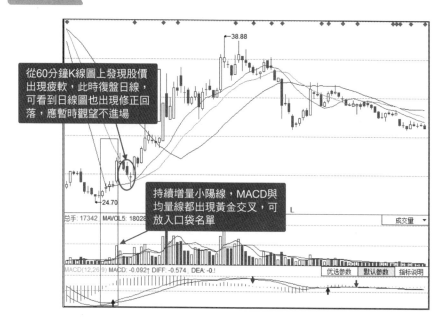

從60分鐘K線圖上發現股價出現疲軟，此時復盤日線，可看到日線圖也出現修正回落，應暫時觀望不進場

持續增量小陽線，MACD與均量線都出現黃金交叉，可放入口袋名單

圖3-2　北斗星通週線圖

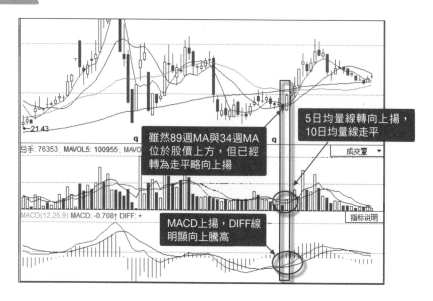

雖然89週MA與34週MA位於股價上方，但已經轉為走平略向上揚

5日均量線轉向上揚，10日均量線走平

MACD上揚，DIFF線明顯向上騰高

圖3-3　北斗星通60分鐘K線圖

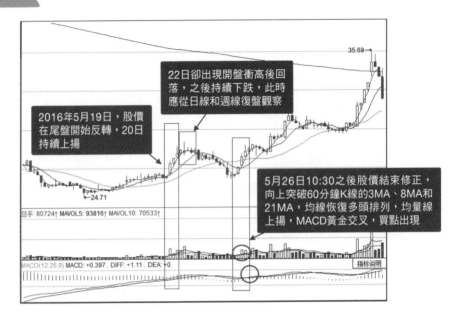

2016年5月19日，股價在尾盤開始反轉，20日持續上揚

22日卻出現開盤衝高後回落，之後持續下跌，此時應從日線和週線復盤觀察

5月26日10:30之後股價結束修正，向上突破60分鐘K線的3MA、8MA和21MA，均線恢復多頭排列，均量線上揚，MACD黃金交叉，買點出現

　　如上所述，採取日線初選和週線複查，會發現北斗星通符合買進條件，接著觀察分時K線圖來確定具體買點。打開60分鐘K線圖，如圖3-3所示，可以看到股價在2016年5月23日出現短暫衝高後小幅回落。

　　此時投資者應中止買進，回到日線圖上復盤。之後，股價果然在日線圖和60分鐘K線圖都呈現持續回落，但到了5月25日，股價的60分鐘K線開始走強，次日（26日）向上突破60分鐘K線的3MA、8MA及21MA，強勢特徵確立，同時日線也開始轉強。因此，在5月26日10點30分之後，也就是股價的60分鐘K線持續走強時，投資者可以買進。

💡 實戰要領

　　（1）即使日線和週線皆符合買進條件，不代表可以馬上進場。當股價的向上趨勢不夠強烈，仍有可能會回落，要反覆觀察日線和分時K線，唯有股價的分時K線持續走強，才可以買進。

　　（2）分時K線圖上的股價細微變化，在趨勢延長後會影響到日線和週

線的走勢。所以，一旦股價的分時K線出現疲軟，投資者應中止買進，繼續復盤觀察。

（3）如果日線和週線的上升趨勢較不明朗，只要分時K線圖的上漲特徵明顯，投資者同樣可以買進。

買進股票的策略與技巧

買進股票時，首先要堅持以形態選股，就是形態明顯的優於形態不明顯的。在形態相似的前提下，要遵照以下策略：股價低的優於股價高的，市值小的優於市值大的。

⇡ 實戰案例

如圖3-4所示，2016年8月25日，相對於其他具備買進形態的個股，雙成藥業（002693）處於虧損狀態，流通在外的股數只有50.22億市值，具備市值小、價格不高等條件。該股的K線處在底部上漲初期的修正行情，均線呈現多頭排列，因此可以放入口袋名單優先考慮。

圖3-4　　雙成藥業日線圖

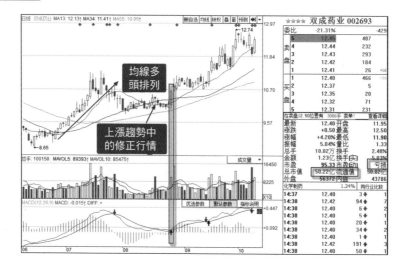

圖3-5　雙成藥業週線圖

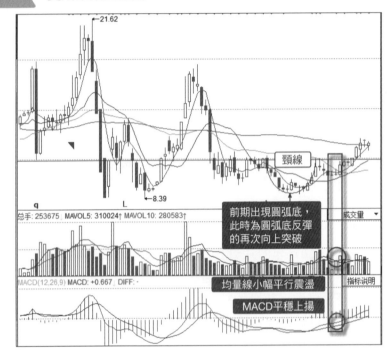

再用週線複查，如圖3-5所示，可以看到不久前，週線剛形成圓弧底，股價正處於底部形成後的反彈行情，即將突破圓弧底的頸線。同時，均量線小幅平行震盪，MACD的雙線平穩上揚。

日線和週線都顯示買進形態，接著用分時K線尋找買點。以30分鐘K線圖為例，如圖3-6所示，股價在8月25日14點接連上漲，一舉向上突破233MA，同時5日均量線、MACD的雙線都明顯向上揚起，DIFF線位於DEA線之上，強勢特徵明顯。投資者應在當天的14點～14點30分果斷買進，

💡 **實戰要領**

（1）在符合日線與週線選股條件的基礎上，從分時K線圖中尋找買點時，一定要遵從「買強不買弱」的原則。當日線和週線支持上漲，且分時K線的行情越強，越能保證買進後持續走強。

圖3-6　雙成藥業30分鐘K線圖

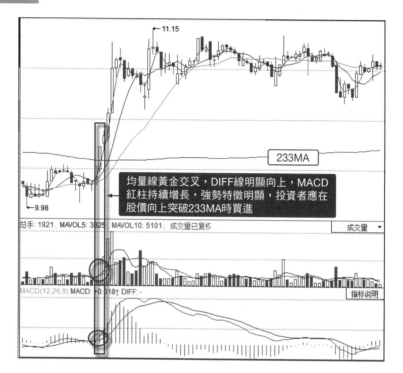

> 均量線黃金交叉，DIFF線明顯向上，MACD
> 紅柱持續增長，強勢特徵明顯，投資者應在
> 股價向上突破233MA時買進

（2）在買進前，一定要從均量線、技術指標和K線形態，來綜合判斷趨勢的強弱，切勿以單一指標下定論。

3-2 底部形成後，4種形態透露逢低買進的最佳時機

1‧紅杏出牆

在日線圖上，均線呈現典型的空頭排列形態，股價經過長期下跌後遠離長週期均線，後來13MA逐漸走平，股價成功向上突破13MA並止穩。K線向上突破均線的樣子彷彿一枝紅杏探出牆，所以被稱為「紅杏出牆」形態。這個形態是底部形成後的起漲點，為股票的第一買點。

🡅 實戰案例

2016年3月，常山股份（000158）經過前期下跌後，均線形成空頭排列，55MA位於股價上方。到了3月17～18日，13MA開始走平，股價向上突破13MA並止穩，形成紅杏出牆形態，投資者應及時買進。如圖3-7所示。

💡 實戰要領

（1）紅杏出牆形態通常出現在大跌後的低位震盪後期，買進的風險相對較低，但之後頭部一旦被破壞，投資者就應果斷出場。

（2）該形態形成時，股價一般會成功站上13MA，且往往會伴隨2根陽線，第一根突破13MA，第二根成功站上並止穩。

（3）判斷是否為紅杏出牆形態時，應以日線當天的收盤價為準，而不是用K線與13MA的交叉來判斷。也就是說，必須確保收盤價在13MA之上。

（4）該形態出現時，如果成交量及換手率過大，往往代表後市仍有震盪，投資者買進後要時刻關注行情變化，一旦形成弱勢盤整，就應先行賣出，以免在寬幅震盪中承受損失。

圖3-7 常山股份日線圖

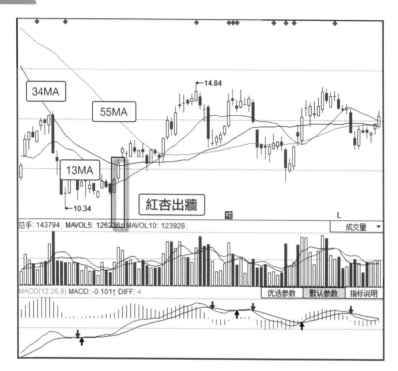

2・金屋藏嬌

　　股價長期下跌後，再出現開低走低，且帶量加速下跌，但在一根K線留下較長的下影線，顯示低位承接有力。次日是開低走低的小陰線，伴隨成交量萎縮，且不再創出新低，再次日則是一根長陽線。

　　那根躲在長下影線裡的小陰線，即為「金屋藏嬌」，是典型的底部形態。投資者應在金屋藏嬌出現的次日，陽線拉起時進場買股。

實戰案例

　　經過前期下跌後，沃華醫藥（002107）在2016年4月本來看似止穩，卻突然出現帶量的長陰下跌。5月18日再次放量下跌，K棒留下較長的下影線。次日開低走低，且成交量出現萎縮，最後收於一根未創新低的小陰線，形成

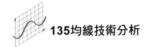

圖3-8　　沃華醫藥日線圖

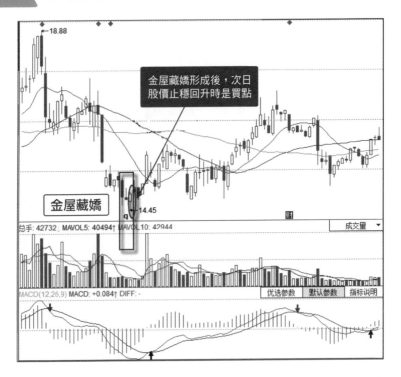

金屋藏嬌形成後，次日股價止穩回升時是買點

金屋藏嬌

金屋藏嬌形態。投資者應在此形態出現的次日，股價止穩回升時買進。如圖3-8所示。

💡 實戰要領

（1）當金屋藏嬌形態出現，應在次日股價止穩回升時才買進，不能過早進場。

（2）該形態形成時，技術指標應走平或上揚，若依然呈現向下趨勢，投資者不可過早買進。

3・馬失前蹄

股價在一波下跌後，突然出現跳空開低，給人一種破位下行的感覺。事

圖3-9　東軟集團日線圖

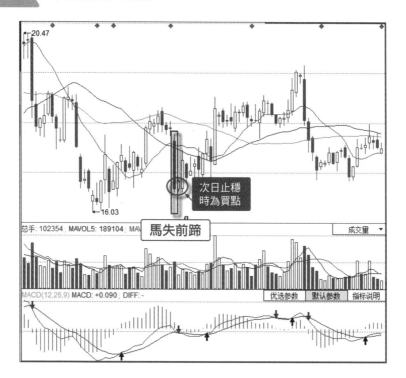

實上，這種突然的跳空開低不是真的破位，而是股價拉升前的最後一次下跌，是見底的徵兆。這根開低的陰線或陽線就是「馬失前蹄」形態。

⇧ 實戰案例

　　經歷前期大跌後，東軟集團（600718）在2016年6月初看似已經止穩，但6月13日突然出現跳空開低走低的長陰線，看似要破位下行，卻並非如此，形成馬失前蹄形態。投資者可以在此形態出現的次日，股價止穩回升時買進。如圖3-9所示。

💡 實戰要領

　　（1）馬失前蹄形態往往出現在下跌過程的後期，當股價止跌回穩時，

大多表現為中陰以上、實體很長的K線。

（2）該形態出現後，投資者應結合技術指標做判斷，若技術指標依然呈現斜度較大的下跌，往往代表跌勢未盡，應放棄操作。

4・四星望月

在股價長期下跌或橫盤震盪以後，均線由空頭排列逐漸收攏，13MA附近出現4根實體很小的陽線或陽十字星，就是「四星望月」形態。此形態代表股價已經見底，即將出現震盪向上的反轉，是逢低買進的機會。

🔼 實戰案例

如圖3-10所示，2016年1月中旬，浙江世寶（002703）經歷長期下跌，開始在低位震盪盤整，3條均線逐漸集中收攏。6月14～17日，在震盪走低的4個交易日中，出現4根實體很小的陽線與陽十字星，形成四星望月形態。此時MACD指標的紅柱先縮小，然後隨即放大，形成MACD二次翻紅。

綜合以上形態，說明股價在低位震盪中獲得資金的認可和挹注，投資者應在四星望月形態出現後，及時在底部進場。

💡 實戰要領

（1）四星望月形態出現前，3條均線必須逐漸收攏，也就是由下滑轉為平行向上的震盪。

（2）該形態出現時，技術指標必須呈現上揚，否則後市繼續震盪的機率較大。

（3）4根小陽線的實體不能過大，通常會呈現十字星狀，感覺似漲似跌，其間不能夾雜小陰線，即使是陰十字星也不可。

圖3-10　浙江世寶日線圖

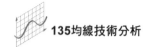

3-3 把握第二個買點，不能錯過日月合璧、駭客點擊……

1・日月合璧

當個股從明顯的高點回落，成交量出現萎縮，13MA逐漸走平或下滑趨緩，股價在下跌後期出現跳空走低，收於一根陰線，次日止跌回升，收於一根陽線。這一陰一陽稱為「日月合璧」形態，說明股價已經探底，是逢低買進的機會。

⬆ 實戰案例

2016年2月25日，中科三環（000970）在觸底反彈後，股價從高點回落，成交量開始縮減。2月29日，股價開低走低，並收於一根帶有較長下影線的陰線。下一個交易日，開盤小幅震盪後就一路走高，收出一根陽線，形成日月合璧形態，說明股價經過二次探底後，底部已經確立，投資者可以放心買進。如圖3-11所示。

💡 實戰要領

（1）出現日月合璧形態時，陽線的高度若能超過陰線，表示之後上漲的機率更大。

（2）該形態出現時，13MA通常已經走平或下滑趨緩，但技術指標必須要向上揚。成交量往往在陰線時縮量，陽線時放量。

（3）該形態往往是股價大跌創出低點後的二次探底所致，因此底部準確率較高，即使跌破前期低點，只要隨後的量能逐漸放大即可。

圖3-11　中科三環日線圖

2・駭客點擊

　　股價從高點回落，在低檔盤整之後，以小陽線有節奏地放量推升，先突破55MA，然後回落至55MA附近得到支撐。此時，如果股價收出陰線，且價位剛好落在13MA與55MA的交叉點附近，就形成「駭客點擊」形態。

⬆ 實戰案例

　　2016年3月24日，江粉磁材（002600）的股價開始以小陽線伴隨放量推升，直到3月28日，向上突破55MA並得到支撐，在13MA與55MA的交叉處收出一根陰線，形成駭客點擊形態。這表示股價已得到支撐，投資者應當買進。如圖3-12（見下頁）所示。

圖3-12 　江粉磁材日線圖

實戰要領

（1）駭客點擊形態往往是股價下跌後，低位震盪行情到達後期的表現，因此是穩健的買進形態。

（2）當股價獲得長週期均線55MA的支撐，儘管之後沒有立刻上漲，也充分確立前期的底部。

（3）該形態出現時，投資者仍須觀察週線圖的趨勢變化，並結合其他技術指標做判斷，假如技術指標下滑，之後繼續低位震盪的機率較大，應暫時觀望。

3・雙蹄並進

「雙蹄並進」是結合「趨向指標」（Directional Movement Index，簡稱DMI，又稱動向指標）判斷買點的形態。如同BMI指數反映人體肥胖程度，

圖3-13 煌上煌日線圖

DMI可以衡量個股的健康水準。

在雙蹄並進形態下，DMI指標的4條線當中，DI1線向上交叉DI2線，稱為馬的前蹄，而ADX線與ADXR線的交叉，則稱為馬的後蹄。

實戰案例

如圖3-13所示，2016年5月19日，煌上煌（002695）的DMI指標出現ADX線與ADXR線交叉，即後蹄併攏，之後又在5月31日出現DI1線上穿DI2線，即前蹄併攏。這形成雙蹄並進形態，股價將以馬不停蹄之勢向上漲。

實戰要領

（1）前蹄併攏與後蹄併攏的時間點不能相隔過長，否則該形態將失去意義。

（2）前蹄必須是DI1線向上交叉DI2線，後蹄則不一定是ADX線與ADXR線交叉，只要2條線的數值接近即可。

（3）該形態形成後，股價不一定會立刻上漲，不過之後一旦出現漲勢，往往是猛烈接連飆漲，後市短期漲幅十分可期。投資者買進後，賣出時不應過分拘泥雙十獲利原則，只要在漲幅可觀的情況下出現頭部，就應先行賣出，例如在短期漲幅達到50%甚至更高時，一經回落立刻賣股出場。

4・動感地帶

個股長期下跌後，伴隨成交量逐步縮減，股價在低位震盪。後來，隨著成交量逐漸溫和放大，55MA漸漸走平，13MA反轉上揚，股價開始小幅推升。這種情況下，13MA由跌轉平並向上穿越55MA，就是「動感地帶」形態。此時股價緩慢離開底部，是比較安全的股價起漲買進點。

⇧ 實戰案例

2016年6月13日，金風科技（002202）創出14.4元的新低之後，開始在低位震盪。隨後成交量緩慢溫和放大，55MA漸漸走平，13MA走平後向上揚起，在7月8日交叉55MA，形成動感地帶形態。這表示前期低點獲得確認，投資者應及時買進。如圖3-14所示。

☝ 實戰要領

（1）動感地帶形態出現時，股價通常在前期經過較大幅度的下跌，正處在低位止穩的小幅震盪中。

（2）該形態出現時，成交量必須處於小幅溫和放量的形態，若幅度過大，後市將會出現寬幅震盪。

（3）該形態出現時，技術指標往往呈現向上運行，13MA必須向上交叉55MA。

圖3-14　金風科技日線圖

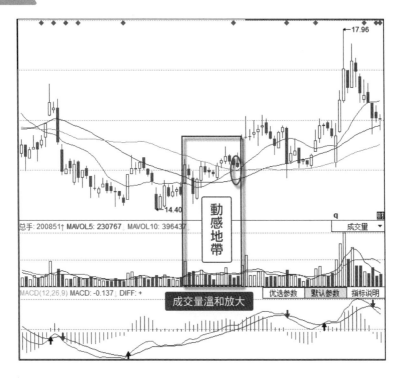

3-4 想在盤整後進場？
關注雙飛燕、走四方等8種形態

1‧海底撈月

當股價在上漲趨勢中突然縮量回落，中長期均線依然上揚或走平，13MA卻向下跌破中長期均線。隨後，股價的下跌趨勢放緩，成交量不斷放大，13MA又向上突破55MA。這種形態叫作「海底撈月」，是股價結束盤整的徵兆，因此為買進形態。

實戰案例

如圖3-15所示，2016年6月，歌爾股份（002241）處於上漲趨勢，但是在該月月底步入下跌修正，34MA與55MA出現小幅震蕩，13MA向下依次跌破34MA與55MA。

在之後的低位震盪中，成交量開始溫和放量，股價離開底部低檔持續上漲，13MA反轉向上，最後於8月25日向上突破55MA，形成海底撈月形態，同時MACD也明顯上揚。這說明股價已完成下跌修正，即將重回升勢，投資者應及時買進。

實戰要領

（1）海底撈月形態出現時，往往代表上漲途中的盤整結束，投資者可以大膽買進。

（2）這個形態出現時，技術指標通常會向上運行，否則後市繼續震盪、甚至是趨勢轉變的機率較大。

（3）這個形態的股價回升必須配合成交量逐步放大，假如量價背離，

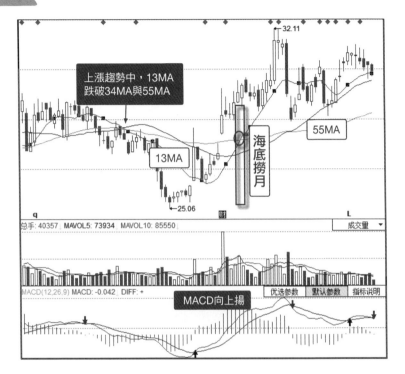

圖3-15　歌爾股份日線圖

後市極有可能繼續下跌。

2・均線互換

在一波上漲後，股價突然從高點回落，34MA向下跌穿55MA。隨後在成交量的推動下，股價重新回到55MA之上，34MA也順勢向上突破55MA。這就是「均線互換」形態，說明股價上漲途中的盤整已經結束，將恢復上漲走勢。

實戰案例

2016年8月31日，步步高（002251）向下跌破55MA。到了9月6日，34MA向下跌破55MA，形成均線的死亡交叉。此後，股價開始震盪走低，並

圖3-16 步步高日線圖

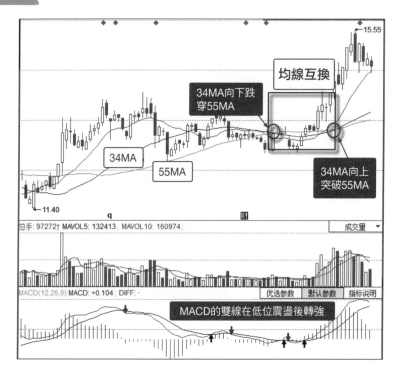

伴隨成交量縮量。

　　如圖3-16所示，從9月14日開始，該股的成交量開始放大，股價在9月20日重新回到55MA上方。9月29日，34MA向上突破55MA，同時MACD的雙線在低位震盪後恢復上揚，形成均線互換形態。這表示股價回歸上漲走勢，投資者應當及時買進。

實戰要領

　　（1）均線互換形態出現前，股價往往處於上漲走勢，若出現在震盪行情中，就沒有參考意義。

　　（2）這個形態出現時，3條均線之間的距離通常不大，不過若相距較遠，很可能是寬幅震盪行情，投資者應把握震盪的高低點。

（3）應結合技術指標綜合觀察，唯有均線互換形態和指標上揚同時出現，才具有買進意義。

3・梅開二度

在「梅開二度」形態下，13MA先是向上突破55MA，形成多頭排列，然後回落並向下跌破34MA，此後股價慢慢止穩，13MA逐漸走平，不久後反轉向上突破34MA，而55MA始終保持上揚。梅開二度形態說明，股價上漲初期的修正結束，上漲行情將再次啟動。

⬆ 實戰案例

如圖3-17（見下頁）所示，2016年3月30日，彩虹精化（002256）的13MA向上突破55MA。股價從4月14日開始修正，13MA在5月16日向下跌破34MA，在這個過程中，成交量先縮減後放大，MACD的DIFF線和DEA線在低位震盪。

到了6月7日，13MA向上突破34MA，MACD的雙線也上揚，DIFF線突破0軸。在這段期間，55MA始終保持上揚，形成梅開二度形態。這說明股價的下跌只是小幅修正，現在已經重拾升勢，投資者應果斷買進。

💡 實戰要領

（1）梅開二度形態往往出現在上升走勢的修正行情結束時，因此是上漲修正行情結束的訊號。

（2）因為55MA始終保持上揚，股價通常只是小幅修正，但如果13MA沒有向上突破34MA，則代表修正的力道不夠，此時投資者不可參與。

（3）這個形態出現時，技術指標必須向上運行，否則投資者應放棄操作，並宣告形態失敗。

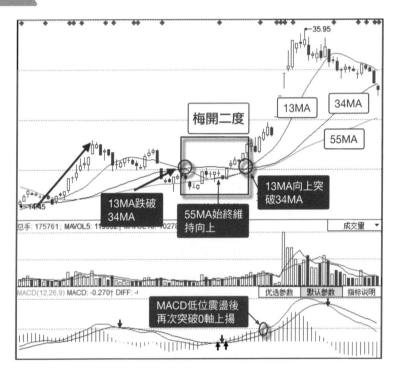

圖3-17 彩虹精化日線圖

4・破鏡重圓

「破鏡重圓」形態下，股價處於上漲過程中的回檔，會在55MA附近出現2根K線，第一根是中陰線，第二根是開低走高並完全覆蓋前一根中陰線的陽線。此形態表示主力結束洗盤，是股價重新開始上漲的訊號。

實戰案例

2016年5月，通裕重工（300185）在上漲趨勢中出現回檔，於5月25日收出一根陰線，且收盤價接近55MA。5月26日繼續開低，略為走低刷新前一日的低點之後，股價回升並一路向上運行，吞沒前一日的陰線，形成破鏡重圓形態。這說明股價修正已經結束，將恢復上漲趨勢，投資者應及時買進。如圖3-18所示。

圖3-18 通裕重工日線圖

實戰要領

（1）破鏡重圓形態出現前，個股往往經過一波下跌，正處在剛剛告別低位的上漲行情中，漲幅通常不大。

（2）這個形態出現時，股價必須在55MA附近止跌，可以是在該線上方或是下方。

（3）這個形態出現時，技術指標總是已經轉向上揚。

（4）這個形態通常代表有主力洗盤。此時股價出現深跌，即使跌破55MA，成交量往往也是縮減。次日陽線出現時，成交量越放大越好，但也要注意不能異常過大。

圖3-19　　武漢控股日線圖

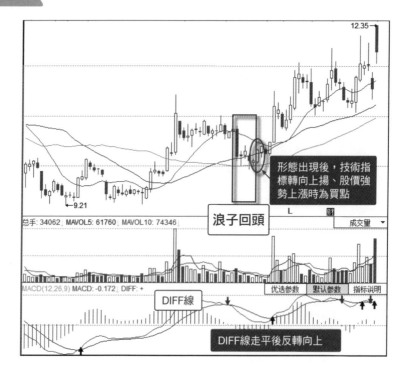

5・浪子回頭

　　當股價離開低檔，出現一波上漲後回檔下跌，在55MA得到支撐，止跌回穩後又繼續回升，且伴隨成交量不斷放大。股價回檔並在55MA止穩時，會出現數根陰線，就是「浪子回頭」形態，代表股價已結束修正。

實戰案例

　　2016年6月底至7月中旬，武漢控股（600168）在上漲趨勢中出現修正行情，7月27日至8月1日跌破55MA，8月2日在55MA附近止穩止跌，形成浪子回頭形態。這說明股價已獲得55MA的強力支撐，修正即將結束，投資者應在此形態出現後，也就是股價接連回升時買進。如圖3-19所示。

💡 實戰要領

（1）浪子回頭形態出現前，股價通常有一段明顯的上漲行情，但漲幅通常不大，也不會太快。

（2）這個形態出現時，K線上會接連出現較長的陰線，但成交量往往縮減，技術指標至少已經走平。最安全的買點是在形態出現後，股價止穩回升時。

6・三軍集結

股價在一波拉升後開始回檔，均線的多頭排列被破壞，中長期均線走平。隨後，13MA反轉上揚，34MA也由下向上靠近55MA。當13MA與34MA併攏，並向上交叉55MA，就形成「三軍集結」形態，說明股價經過盤整後，將恢復上漲。

⬆ 實戰案例

如圖3-20（見下頁）所示，經過2016年5月的上漲後，上海梅林（600073）於6月初進入修正行情，均線的多頭排列遭到破壞，55MA走平，13MA與34MA都向下滑落。之後，伴隨成交量放大，13MA再次上揚，並與34MA一起向55MA靠攏。

到了7月19日，3條均線交叉會合，形成三軍集結形態。此時MACD指標的DIFF線向下滑落，但尚未觸及上升的DEA線就反轉上揚。這表示股價修正結束，均線將重新回到多頭排列，行情即將恢復上漲，投資者應及時買進。

💡 實戰要領

（1）三軍集結形態出現前，往往有一段比較明顯的上漲趨勢，並且均線呈現多頭排列。

（2）這個形態出現時，均線的多頭排列會受到破壞，但55MA必須是走平狀態，若是向下，則形態不成立。

（3）這個形態出現時，技術指標應該向上揚，若是向下則表示修正行

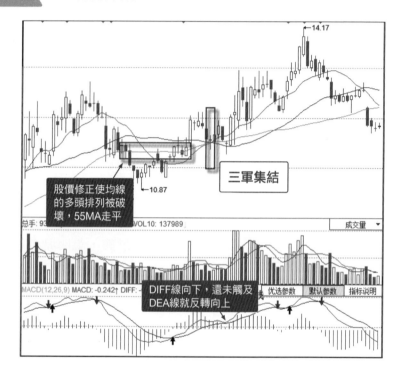

圖3-20 上海梅林日線

股價修正使均線的多頭排列被破壞，55MA走平

三軍集結

DIFF線向下，還未觸及DEA線就反轉向上

情尚未結束，之後還會震盪，投資者不應在此時買進。

7・雙飛燕

「雙飛燕」形態下，股價在明顯的多頭向上趨勢中，沿著13MA向上行進，此時出現2根並列且跳空開高的K線，就像一對站在枝頭嬉戲的燕子。此形態是主力快速換手洗盤的徵兆，後續股價將加速上漲。

實戰案例

如圖3-21所示，在開始於2016年6月底的上漲行情中，嘉應製藥（002198）在7月12日向上跳空開高，收於陰線。次日同樣收出陰線，形成雙飛燕形態，同時MACD的雙線維持上揚。

圖3-21　嘉應製藥日線圖

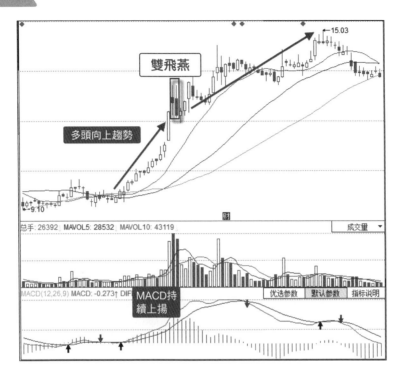

　　這說明主力在拉抬股價的過程中換手洗盤，藉此清洗浮額，因此投資者要及時買進。（編按：「浮額」又稱浮動籌碼。籌碼可看作一檔個股的主力資金，低檔跟單或高位套牢的散戶因為持股穩定度不高，就是主力眼中的浮動籌碼。浮額會阻礙主力對股價的掌控，所以主力用洗盤策略使散戶退出市場。）

實戰要領

　　（1）雙飛燕形態出現前，均線總是明顯的多頭排列。

　　（2）這個形態通常伴隨跳空開高的小陰線或陽線。

　　（3）如果2根跳空的K線回補缺口，往往代表盤中拋壓較大，隨後即使接連加速上漲，股價也會修正。唯有2根K線不回補或部分回補缺口，才表示

股價上升動力強勁，這往往也是大牛股在上漲途中，遇到主力清洗浮額的特徵（編按：「大牛股」指的是股市中表現非常好的股票，通常具備股本大、經營穩健、配息表現佳等優點）。

8·走四方

「走四方」形態下，股價在上漲途中出現修正，每日的震盪幅度都很大，但成交量並不大，往往呈現縮量。此時，K線會留下較長的上影線或下影線，但跌幅往往極小，而且均線系統不會受到破壞。投資者應在形態確立後，股價止跌回升時買進。

實戰案例

經過2016年6月中旬的上漲後，廣譽遠（600771）在6月底出現修正，每日股價上躥下跳，極不規律，但是整體跌幅並不大，而且成交量持續萎縮，形成走四方形態。到了7月6日，股價止跌回穩並開始上升，說明股價經過數日修正後，已結束整理，投資者可以買進。如圖3-22所示。

實戰要領

（1）走四方形態出現前，股價通常會有一波明顯的上漲行情。

（2）這個形態出現時，K線往往上躥下跳，但整體跌幅不大。成交量會出現萎縮，但持續的時間一般不長。

（3）這個形態出現時，均線系統和技術指標通常不會受影響，依然維持向上運行。

圖3-22 廣譽遠日線圖

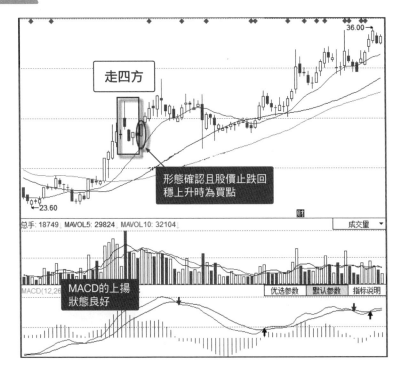

走四方

形態確認且股價止跌回
穩上升時為買點

總手: 18749 MAVOL5: 29824 MAVOL10: 32104

成交量 ▼

MACD的上揚
狀態良好

MACD(12,26)

优选参数 | 默认参数 | 指标说明

3-5 趁主力洗盤結束，6種形態讓你買在止穩回升時

1‧暗渡陳倉

　　「暗渡陳倉」形態下，股價在上漲途中出現一根很長的縮量大陰線，但隨後立即震盪止穩。這是主力快速洗盤的表現，因此在形態確認後，投資者應在股價止穩回升時買進。

🔼 實戰案例

　　如圖3-23所示，在2016年3月至4月的上漲行情中，輝煌科技（002296）先在5月6日出現縮量長陰線，此時看似放量，但實際上量能遠低於前期，之後在6月13日再次出現縮量長陰線。這2根陰線在K線圖上很長，量能卻是縮小，形成暗渡陳倉形態，說明主力一邊拉升股價，一邊快速清洗浮額。

💡 實戰要領

　　（1）暗渡陳倉形態出現前，股價通常處於明顯的上升趨勢。
　　（2）這個形態出現時，儘管當日量能可能超過前一日，但整體量能還是處於縮量。

2‧立竿見影

　　「立竿見影」形態下，股價在長期下跌或充分低位盤整後，突然出現一根較長的放量陽線，接著次日卻是開低走低的小陰線。

　　這個形態往往是主力故意製造的上漲失敗假象，藉由市場的恐慌情緒，

圖3-23　輝煌科技日線圖

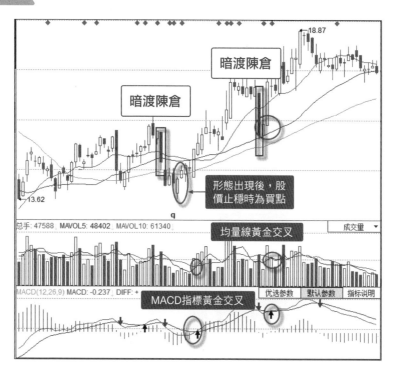

嚇退在低位買進的獲利盤，因此在多數情況下，次日的股價都會重新恢復上漲，投資者應在次日股價止穩回升時買進。

↑↑ 實戰案例

　　如圖3-24（見下頁）所示，2014年4月底至6月底，貴州百靈（002424）一直處於低位震盪盤整，但是在6月28日突然出現一根放量長陽線，股價當日上漲7%，振幅超出8%。次日，股價反而開低走低，收出一根小陰線，且伴隨成交量縮減，形成立竿見影形態。

　　此形態出現時，MACD剛剛形成黃金交叉，DIFF線明顯反轉向上，這說明第二天的小陰線是主力有意為之，目的是清理獲利盤。

圖3-24　貴州百靈日線圖

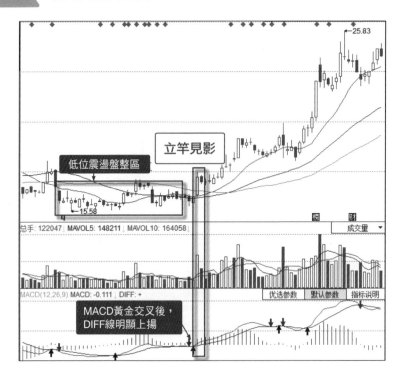

低位震盪盤整區

立竿見影

15.58

25.83

总手: 122047 | MAVOL5: 148211 | MAVOL10: 164058

成交量

MACD(12,26,9) MACD: -0.111 | DIFF: +

优选参数　默认参数　指标说明

MACD黃金交叉後，
DIFF線明顯上揚

💡 實戰要領

（1）立竿見影形態出現前，行情必須經過大幅下跌或充分低位震盪。

（2）這個形態的第一根陽線，必須至少是放量中陽。次日的陰線必須是縮量小幅開低收低的小陰線，如果暴出較大的成交量，投資者應慎重考慮是否買進。

（3）這個形態出現時，技術指標往往明顯上揚。如果指標下滑，後市極可能會繼續震盪。

3．絕處逢生

「絕處逢生」形態下，股價在一波上漲後進入明顯的大幅修正，過程中

圖3-25　迪瑞醫療日線圖

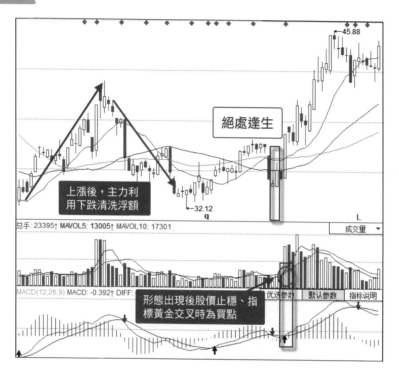

絕處逢生

上漲後，主力利用下跌清洗浮額

←45.88

←32.12

上漲後，主力利用下跌清洗浮額

總手: 23395↑ MAVOL5: 13005↑ MAVOL10: 17301

成交量

MACD(12,26,9) MACD: -0.392↑ DIFF:

形態出現後股價止穩、指標黃金交叉時為買點

优选参数　默认参数　指标说明

出現開低，然後接連上漲，收出一根開低走高的大陽線。這個形態往往是主力大幅洗盤告一段落的徵兆。

實戰案例

在2016年3月下旬至4月的上漲之後，迪瑞醫療（300396）進入修正行情，到了6月15日，股價突然開低走高，收出一根不帶下影線的光腳陽線，形成絕處逢生形態。這說明主力清洗浮額的操作已經結束，投資者可以在此形態出現後，股價止跌回升、指標出現黃金交叉或明顯上揚時買進。如圖3-25所示。

實戰要領

（1）絕處逢生形態往往出現在上升趨勢的修正行情中。

（2）這個形態出現時，若是一根沒有上下影線的大陽線，投資者應在次日果斷買進。

（3）原則上，若大陽線能夠明顯放量，則後市即刻反轉的機率較大，但此時的量能也不能過大，否則物極必反。

4．四渡赤水

股價在上漲時，如果不能一舉突破前期支撐位（目前壓力位），表示股價上行壓力較大。此時，有意突破的主力往往會採取先推高股價、再拋出籌碼的方式，透過數次拉抬來清洗浮額，以完成最終的突破。

如果這種拉抬出現3次，然後在第四次實現放量突破，就形成「四渡赤水」形態，表示主力已完成低位清洗浮額的操作，是買進形態。

⇧ 實戰案例

如圖3-26所示，2016年1月29日，江粉磁材（002600）在創出6.80元的新低之後，隨即發動一波上攻，但是只漲到前期下跌的支撐位就開始回落。稍作休息後，3月1日再次發動上攻，依然只漲到上一次高點就回落，之後的第三次上攻也在上一次高點受到壓力。

4月20日，股價發動第四次上攻，這次直接以放量漲停突破前期支撐位，形成四渡赤水形態。此時均線量出現黃金交叉，MACD指標呈現上揚，DIFF線明顯向上騰高，說明主力已完成低位清洗浮額的操作，投資者應在第四次突破後買進。

💡 實戰要領

（1）四渡赤水形態出現前，股價往往會創新低。

（2）前三次上攻的成交量，往往在股價接近前期支撐位之後縮減。

（3）這個形態出現時，K線的底部不斷被抬高，這是主力不斷賣出又逢低大量買進所致。

（4）這個形態只有在成交量配合，且技術指標明顯上揚時，才能確認有效。

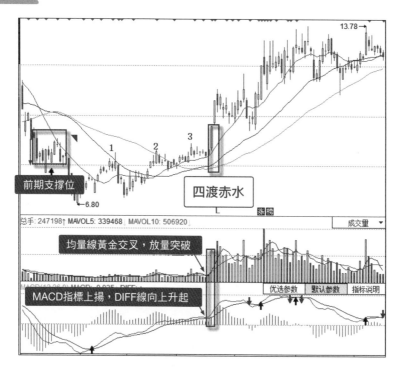

圖3-26　江粉磁材日線圖

5 · 三劍客

「三劍客」形態下，股價在一波拉升並開高後短暫走高，隨即一路震盪下跌，幾乎呈狂瀉之勢，但後來停在一個窄小的區間上下震盪，接連收出3根開高走低的陰線，最後在13MA附近止穩。

實戰案例

如圖3-27（見下頁）所示，2016年4月下旬，凱盛科技（600552）經過前期上漲後，出現下跌修正，在5月16～18日連續出現3根下跌的小陰線，形成三劍客形態。這種形態往往是主力在高位清洗浮額所致，股價即將止跌回升。投資者應在形態出現後，股價於13MA附近止穩回升（5月24日）、MACD出現黃金交叉時買進。

圖3-27　凱盛科技日線圖

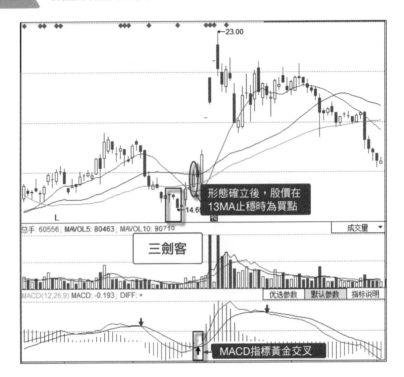

💡 實戰要領

（1）三劍客形態出現前，股價往往處在上漲後的下跌修正行情中。

（2）這個形態出現時，3根K線必須是下跌的小陰線。

6・串陰

　　股價經過一定幅度的上漲後，出現開高走低的小陰線，之後一連收出5根以上小陰線，且伴隨成交量縮量，就是「串陰」形態。

🔼 實戰案例

　　2016年7月13日，光明乳業（600597）在前期上漲後出現開高走低，然

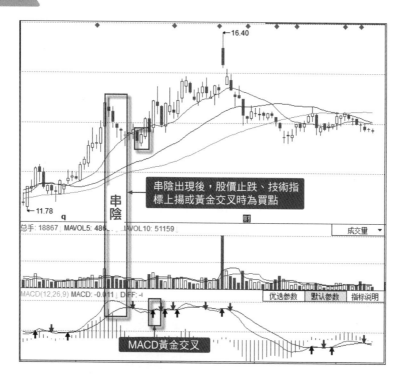

圖3-28　光明乳業日線圖

後接連收出5根小陰線，同時成交量縮減，形成串陰形態。這個形態是主力清洗浮額的操作所致，投資者應在形態出現後，股價止跌回穩、技術指標黃金交叉或上揚時買進。如圖3-28所示。

實戰要領

（1）串陰形態出現前，股價會有一定幅度的上漲。

（2）在這個形態中，至少要有5根下跌的小陰線，其間大多會摻夾一根小陽線或十字星，形態仍然成立。

（3）這個形態出現時，成交量必須縮減，否則代表後市有進一步修正下跌的需求，投資者應暫且觀望。

3-6 為了搭上飆漲順風車，應當瞄準哪5種形態？

1·揭竿而起

「揭竿而起」形態是指，股價經過較大幅度的下跌後，在低檔長時間窄幅震盪，3條均線相互纏繞，然後股價突然上漲，3條均線騰高，形成多頭排列。這個形態說明主力發動上攻，股價將會快速拉升。

⬆ 實戰案例

如圖3-29所示，2016年7月和8月，方正科技（600601）在前期大跌後進入低位震盪，但是震盪幅度不大，3條均線聚攏並相互纏繞。8月22日，股價放量上漲並收出一根較長的陽線，13MA向上穿越34MA，呈現多頭排列，形成揭竿而起形態。這表示，股價經歷底部震盪，主力已吸籌完畢，投資者應及時買進。

💡 實戰要領

（1）揭竿而起形態出現前，股價通常會經歷一波明顯的下跌走勢，然後在低檔止跌震盪。此時，均線之間相距不遠，相互糾纏黏合，有時候多頭排列，有時候空頭排列。

（2）這個形態出現時，往往成交量明顯放大，技術指標向上運行。

（3）如果前期3條均線的黏合程度較高，且股價處於長期窄幅震盪狀態，一旦出現揭竿而起形態，往往是大黑馬股拉升的徵兆，後市漲幅會很可觀。投資者買進後，應放棄雙十獲利原則，改為依據55日極限持有的原則進行操作。

圖3-29   方正科技日線圖

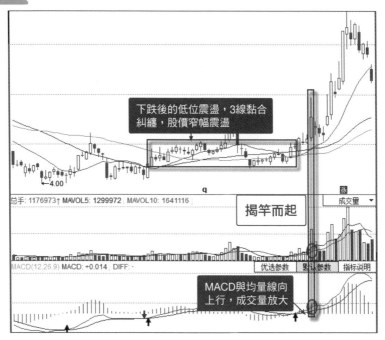

2・一陽穿三線

　　股價在長期下跌和充分底部盤整之後，均線系統的下滑坡度漸緩，逐漸相互靠攏，股價上下波動的幅度也逐漸收窄。之後，股價突然放量上漲，在一天內突破所有均線，收出一根大陽線，就稱為「一陽穿三線」形態。這個形態說明主力完成進場布局，將開始發動上攻。

⇧ 實戰案例

　　2016年6月底至8月中旬，哈藥股份（600664）經過前期大跌後，股價上下震盪的幅度收窄，均線下滑趨緩並相互靠攏。8月19日，股價突然放量一舉突破3條均線，形成一陽穿三線形態，同時MACD指標形成黃金交叉，DIFF線明顯向上升起，投資者應在形態出現後及時買進。如圖3-30（見下頁）所示。

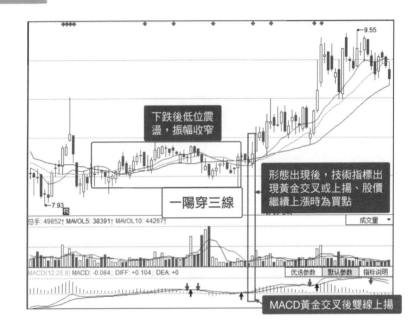

圖3-30　哈藥股份日線圖

實戰要領

（1）一陽穿三線形態出現時，股價往往處於大跌後的低位震盪行情。此時振幅越小、時間越長，則形態出現後的漲幅越大。

（2）這個形態出現時，成交量往往明顯放大，當日收盤價必須高過最上方的均線。若成交量過與不及，或是這根陽線的上影線較長，之後會出現串陰形態的修正，投資者應等到修正結束後再買進。

（3）這個形態出現後，技術指標形成黃金交叉或是明顯上揚時，是最佳買點。如果成交量的放大情況理想，也可以在當日收盤前、一陽穿三線形態成立的當下果斷搶進。

3・紅衣俠女

「紅衣俠女」形態下，個股經過長期下跌或低位盤整之後，55MA已走

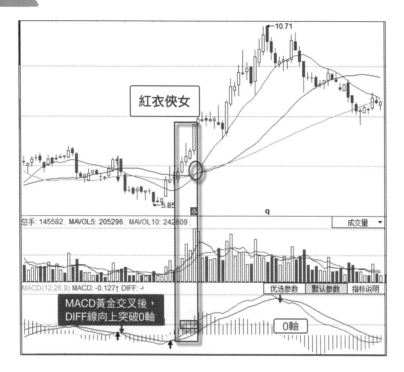

圖3-31　太極實業日線圖

平。此時股價沿著13MA，小幅爬升到55MA附近窄幅震盪，然後隨著13MA攜量向上突破55MA。由於這種形態常常和連續上升的紅色K線一起出現，彷彿行俠仗義的俠女，因此稱作紅衣俠女形態。

實戰案例

　　如圖3-31所示，經過前期下跌和股價修正後，太極實業（600667）於2016年5月24～26日沿著13MA上漲。在走平的55MA附近稍作整理後，繼續上漲，同時13MA向上突破55MA，伴隨成交量放大，形成紅衣俠女形態。

　　這個形態代表股價結束下跌，開啟新一波上漲行情。此時MACD出現黃金交叉後上揚，在13MA突破55MA時，DIFF線也向上突破0軸，可見強勢特徵明顯，投資者應及時買進。

💡 實戰要領

（1）紅衣俠女形態出現前，股價往往經過下跌後的充分盤整。

（2）13MA向上突破55MA時，如果沒有明顯放量，則後市持續震盪的可能性較大。在判斷是否放量時，應該用前幾日震盪期間的平均量來比較，不能只與前一日的量做對比。

4・三線推進

當股價長期在低檔圍繞3條均線小幅震盪，持續約半年左右時，如果出現一陽穿三線或揭竿而起，則宣告「三線推進」形態成立，之後股價往往會快速上漲。

⬆️ 實戰案例

如圖3-32所示，萬科A（000002）在2015年5月至11月，一直圍繞在3條均線附近小幅震盪，令投資者無心繼續觀察，持股者更是備受折磨。但是到了2015年11月18～27日，3條均線形成多頭排列，股價在11月30日放量上漲，形成揭竿而起形態。

此時，MACD指標在長期低位震盪中出現黃金交叉，DIFF線明顯向上升起。這代表股價結束低位盤整，開始發動上攻，投資者應及時買進。

💡 實戰要領

（1）三線推進形態出現前，股價必須長期圍繞在3條均線附近。持續的時間越久，後市一旦啟動，漲幅將越可觀，尤其是長期橫盤震盪的個股，往往成為大黑馬。

（2）這個形態出現前，3條均線通常已經形成多頭排列，但股價就是不漲。在股價小幅震盪的同時，MACD指標也在低位小幅波動。

（3）這個形態成立後，最佳買點出現在成交量有明顯放大跡象，股價收於一根較長的陽線，且技術指標明顯上揚時。

圖3-32　　萬科A日線圖

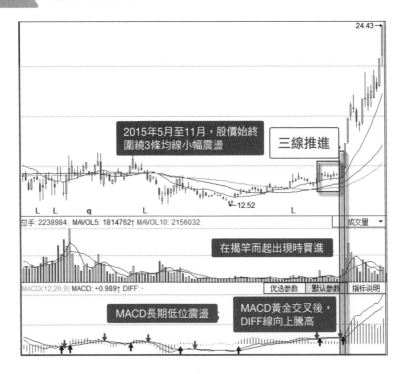

5・投石問路

在長期下跌或充分盤整後，原本下滑的13MA先走平再向上揚起，但是股價受到55MA的壓力，緩慢爬上34MA又回落，並在13MA與34MA的交會處得到雙重支撐，形成「投石問路」形態。

出現這個形態，說明主力資金在13MA上揚時悄悄進場，並在股價上衝34MA後快速賣出，造成股價回落。主力的目的是最後一次在低位吸籌，並嚇走低檔跟進的籌碼，然後發動上攻。

實戰案例

2016年7月21日，粵宏遠A（000573）在前期充分盤整後，13MA開始走平再上揚，股價沿著13MA向上突破34MA，但是受到上方的55MA壓制，於

圖3-33　粵宏遠A日線圖

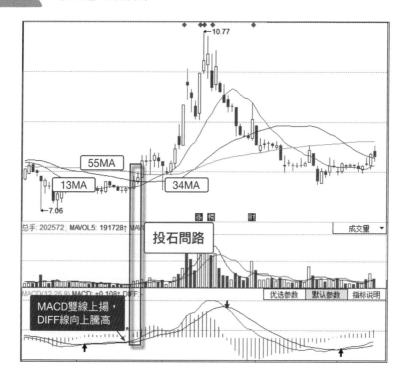

7月21～22日收在13MA與34MA的交會處，形成投石問路形態。如圖3-33所示。

此時MACD的雙線上行，DIFF線向上遠離DEA線，表示資金開始大舉進場，投資者應及時買進。

💡 **實戰要領**

（1）投石問路形態出現前，股價必須經過一段時間的低位盤整，技術指標在低位蓄勢待發。

（2）這個形態出現時，均線形態通常是55MA在上、其次為34MA和13MA的空頭排列，其中13MA必須向上揚起。

（3）這個形態出現時，往往成交量明顯放大，技術指標呈現向上運行趨勢，否則後市繼續震盪的機率極大。

第 4 章

如何抓準賣點？
14個技巧保你賣在最好價

4-1 根據雙十獲利原則選對賣點，讓獲利穩穩入袋

　　投資者要懂得在什麼情況下賣出，才能讓獲利達到最大化。在這方面，135均線交易法有獨到的賣出技巧，能幫助投資者發現頭部形態，即使錯過最佳賣點，也能及時把握最後的逃命時機。

根據獲利目標賣出

　　買進股票後，一旦股價上漲達到獲利20%的目標，就可以在出現回落時，及時獲利出場。

⇪ 實戰案例

　　2016年6月28日，招商蛇口（001979）出現一陽穿三線買進形態。假設投資者在次日選擇買進，並買到當日最高價14.48元，想要達到20%的獲利目標，股價必須漲到17.37元。8月18日，股價快速上衝，然後回落到17.37元，投資者要果斷以17.37元掛單賣出。如圖4-1所示。

💡 實戰要領

　　（1）買股就是為了獲利，雖然根據獲利目標賣出，可能會讓投資者錯過大牛股，卻能夠保持屢戰屢勝。

　　（2）運用這個賣出原則時，應忽略雙十獲利原則的持股時間限制，只要獲利達到20%，就在股價衝高回落時賣出。

　　（3）投資者千萬不可過於貪心。要在股價回落時以市價賣出，不能抱著「再等一等」的心態，因為一猶豫就可能錯失機會，使獲利縮水。

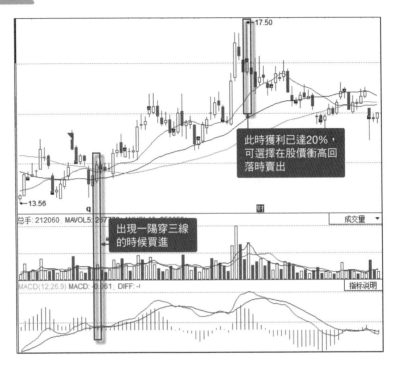

圖4-1　招商蛇口日線圖

> 此時獲利已達20%，可選擇在股價衝高回落時賣出

> 出現一陽穿三線的時候買進

根據持股時間＋頭部形態賣出

　　買進股票後，持股接近20天就要隨時關注K線形態，一旦發現頭部成形的跡象，而且技術指標轉向下滑，就可以選擇賣出。這是相對便捷、簡單的賣出方法。

實戰案例

　　如圖4-2（見下頁）所示，2016年7月19～25日，天潤數娛（002113）的股價經過一波上漲後，出現串陰形態。假設在7月28日或29日股價止穩後買進，就應在持有接近20天的第16天（8月22日）開始留意K線形態。

　　這時候，雖然股價在前一日漲停後又出現跌停，但考慮到前期不斷強勢上漲，可以選擇繼續持股。次日，股價止穩恢復上漲，到了持股第20天（8

圖4-2　天潤數娛日線圖

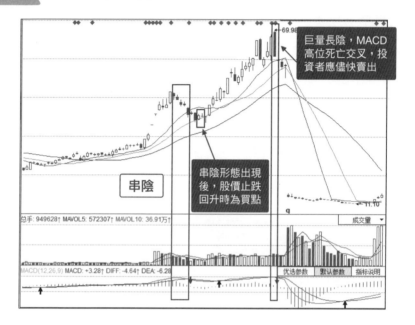

巨量長陰，MACD
高位死亡交叉，投
資者應儘快賣出

串陰形態出現
後，股價止跌
回升時為買點

串陰

月26日），股價開高走低，臨近上午收盤依然從62元繼續下跌（編按：中國股市的交易時間分為上午和下午2個時段）。

　　儘管此時股價已接近跌停，仍應及時賣出，因為MACD指標出現高位死亡交叉，K線出現巨量長陰線，是主力出貨的形態。

💡 實戰要領

　　（1）在根據持股時間賣出時，接近20天就要隨時觀察K線形態的變化，尤其對於短期漲幅過大、過快的股票，更要及早提高警覺，否則一旦趨勢轉變，會跌得極快。

　　（2）選擇賣點時，一定要根據形態，不要過於強調雙十獲利原則的持股時間。只要發現頭部形態成立，就應即刻賣出。

　　（3）頭部形態不只是指K線，也包括技術指標。

4-2 頭部形成後，8種形態提醒你及時逢高賣出

1・分道揚鑣

「分道揚鑣」形態是指，在一波上漲行情後，13MA突然由上揚轉成走平，然後滑落向下交叉34MA。出現這種形態，代表股價失去向上攀升的動力，開始由漲轉跌。

🔼 實戰案例

經過2016年5月底至6月中旬的一波上漲後，東吳證券（601555）開始在高位震盪，13MA由上揚轉成走平再向下。8月9日，13MA向下交叉34MA，形成分道揚鑣形態，表示股價失去上升動力，投資者可以選擇在上漲乏力回落時，果斷賣股出場。如圖4-3（見下頁）所示。

💡 實戰要領

（1）分道揚鑣形態出現前，股價必定有一波明顯的上漲，但不限制漲幅多少和持續多久。

（2）這個形態出現時，13MA會向下交叉34MA，而34MA往往向上運行。技術指標通常會向下滑落或震盪上揚，成交量不一定會明顯放大。

（3）這個形態出現時，即使股價短期仍在上漲，也往往是強弩之末，投資者可以在出現回落時迅速賣出。

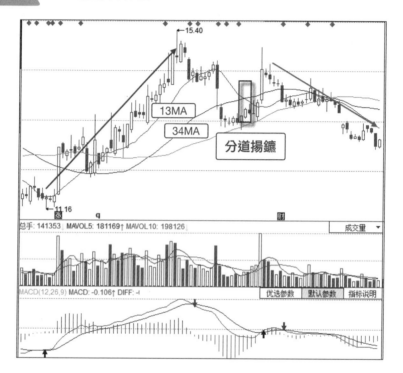

圖4-3 東吳證券日線圖

2・過河拆橋

「過河拆橋」形態下，股價經過一波上漲行情後，13MA突然走平，K線上出現一根較長的陰線，向下跌破13MA。此形態表示主力開始出貨，上漲行情已至尾聲，頭部即將形成。

實戰案例

如圖4-4所示，2016年7月，思維列控（603508）在前期上漲之後，13MA由上升轉成走平，股價開始在高位震盪滯漲。到了7月11日，股價突然跳空開低，向下跌破13MA，並收出一根較長的陰線，形成過河拆橋形態。

成交量在7月10日出現綠柱，11日綠柱進一步放大，表示主力在大舉出貨，投資者應果斷賣出。

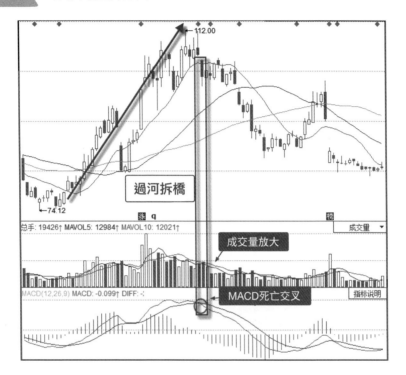

圖4-4　思維列控日線圖

💡 **實戰要領**

（1）過河拆橋形態出現前，股價往往經過一波明顯的上漲行情。

（2）這個形態出現時，13MA通常已經由上升轉成走平，但34MA與55MA依然向上揚。

（3）這個形態出現時，技術指標會向下滑落，或是出現高位死亡交叉，但成交量不一定會明顯放大。

3・一劍封喉

「一劍封喉」形態下，股價突然出現一波放量上漲，但是很快回落，之後又放量滯漲，留下一根有上影線的陰線，而且上影線的長度通常是K線實

圖4-5 南大光電日線圖

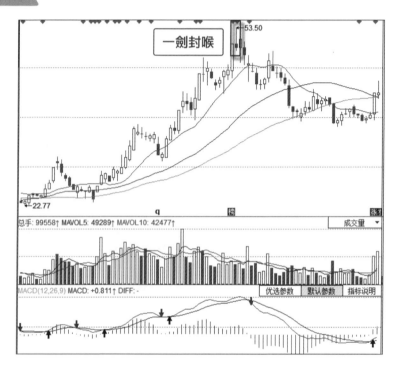

體的3至5倍。此形態往往是上漲行情到達終點的徵兆，是賣出形態。

實戰案例

　　經歷2016年5月和6月的上漲後，南大光電（300346）在2016年7月8日突然放量衝高又快速回落，之後股價一直放量滯漲，K線上收出一根實體很小、上影線很長的陰線，形成一劍封喉形態。這表示股價已經見頂，投資者應及時逢高賣出。如圖4-5所示。

實戰要領

　　（1）一劍封喉形態出現時，一般來說，股價處在上漲行情，而且會創出新高。

　　（2）這個形態出現時，技術指標和全天成交量通常沒有太大變化，技

術指標大多保持向上趨勢，並在高位行進。

（3）這個形態的K線可以是陽線，但通常以陰線居多，其上影線越長，後市轉跌的機率越大。

4．狗急跳牆

股價進入快速上漲行情後，某天突然大幅度跳空開高，之後卻在高位放量滯漲，就是「狗急跳牆」形態。這是主力急於拉高股價引誘跟風盤湧入，再伺機大舉出貨的表現，因此是股價見頂的徵兆。

👆 實戰案例

如圖4-6（見下頁）所示，2016年6月15日，方正電機（002196）的短期漲幅已高達60%，當天收於長陽線漲停，6月16日再次大幅開高5%以上，伴隨成交量比前一日放大一倍，股價一度衝擊漲停，最終收出帶上影線的中陽線，留下一個向上跳空的大缺口，形成狗急跳牆形態。

此時順勢指標CCI（Commodity Channel Index）呈現向下趨勢，說明主力是用開高走高的方式，吸引跟風資金，然後大舉在高位出貨。因此，投資者應在當天及時賣出。

💡 實戰要領

（1）狗急跳牆形態出現時，股價短期內往往處於快速拉升階段，接連上漲使得MACD、KDJ等指標停留在高位，反應較為遲鈍。此時投資者應使用CCI指標分析趨勢，可以得到更準確的結論。

（2）要判斷主力是否出貨，一是看股價有沒有在高位快速拉升，二是看成交量，即成交量明顯放大，股價卻出現滯漲。

（3）這個形態出現時的股價滯漲，大多表現為當天的漲停板反覆漲停和打開，或是中途漲停後在尾盤滑落。

圖4-6　　方正電機日線圖

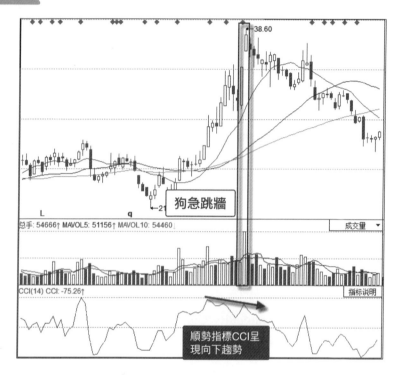

5 · 笑裡藏刀

股價在快速上漲的過程中，創出新高後，遇到壓力回落，K線上留下上影線。次日，股價繼續開高，但最高點始終低於前一日的上影線，最終收出一根低於前一日陽線的K線。次日的這根K線彷彿躲在陽線上影線背後，就稱為「笑裡藏刀」形態。

這代表此時股價拉升，只是主力在虛張聲勢，想藉由維持股價在高位出貨，因此這是股價見頂的賣出形態。

⬆️ 實戰案例

如圖4-7所示，2016年10月14日，揚子新材（002652）在持續上漲的趨勢中，出現開低走高，但是在創新高後回落，收出一根帶有長上影線的光腳

圖4-7　揚子新材日線圖

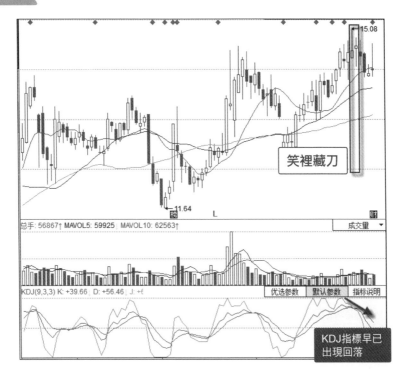

陽線。下一個交易日（10月17日），股價開高回落，儘管午後一度向上衝，但總是無法刷新前一日的高點，最後收出一根實體較短、上下影線較長的小陽線。

　　從K線圖上看，這根小陽線似乎躲在10月14日陽線的上影線裡面，形成笑裡藏刀形態。此時觀察技術指標，會發現KDJ出現回落，表示跌勢已成定局，投資者應果斷賣股出場。

💡 實戰要領

　　（1）笑裡藏刀形態出現時，股價往往處於明顯的上漲行情，並有加速上漲的跡象。

　　（2）這個形態出現時，成交量可能沒有變化，但技術指標往往會有回落跡象。投資者要多觀察CCI、KDJ、RSI等指標，可是不能用MACD當作主

要參考,因為在反映短期變化上,MACD相對比較遲鈍一些。

(3)這個形態的第二根K線必須是開高,然而當日最高點不能超過前一日最高點,否則形態不成立。

6 · 金蟬脫殼

股價在上漲行情中,尤其是在高價區,突然出現一根開高走低的陰線,但沒有跌破前一日的陽線。這根躲在陽線實體內的陰線,就是「金蟬脫殼」形態,往往預告拋壓湧現,股價無力反彈。

實戰案例

如圖4-8所示,2016年6月28日,康強電子(002119)在快速上漲後,突然收出一根帶有長上影線的陽線。次日(6月29日)股價開高走低,收出一根陰線,但沒有跌破前一日的陽線,形成金蟬脫殼形態。此時技術指標呈現

圖4-8　康強電子日線圖

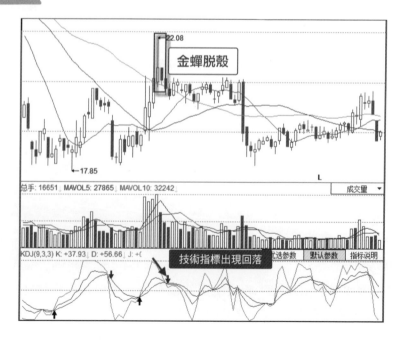

下跌趨勢，表示主力已不看好該股而正在出貨，投資者應果斷賣出。

💡 實戰要領

（1）金蟬脫殼形態出現時，股價往往經歷一波上漲行情。

（2）這個形態出現時，技術指標通常呈現下跌趨勢。

7・節外生枝

　　隨著股價持續上漲，上升動能逐漸衰竭，主力為了順利出貨，往往會在拉出一根陽線之後，再拉出一根與前一日收盤價相近的陽線或陰線，這2根K線就形成「節外生枝」形態，代表股價即將見頂回落。

⬆ 實戰案例

　　如圖4-9（見下頁）所示，新美星（300509）自上市後結束一字漲停，連續震盪走高，並在2016年6月14日開啟一波上漲。至7月4日，股價已經接連上漲一個月，短期漲幅高達80%以上。

　　當天，主力拉出一根加速上漲的陽線，次日（7月5日）再拉出一根小陽線，2天的收盤價十分接近，形成節外生枝形態。此時KDJ指標已呈現下滑，股價看似不斷上漲，實際漲幅卻很有限，是主力開始逢高出貨的徵兆，投資者應及時賣出。

💡 實戰要領

　　（1）節外生枝形態出現之前，一般來說，股價會經過一波明顯的快速上漲。

　　（2）這個形態出現時，均線系統通常維持上揚，絲毫沒有變化，不過技術指標卻相反，經常已經下滑。由於股價快速上漲，MACD指標可能會反應遲鈍，投資者觀察時應搭配其他指標。

　　（3）這個形態的第一根K線，往往是延續漲勢的陽線，第二根可以是帶有上下影線的陽線或陰線，但必須確保收盤價與前一日相差不遠。

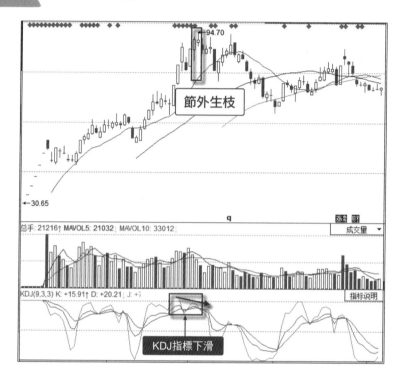

圖4-9　新美星日線圖

8．拖泥帶水

「拖泥帶水」形態下，股價在一波大幅上漲後向上跳空開高，但在漲停板附近震盪回落，全天走勢可能表現為高位震盪，或是一路震盪下跌，最後在收盤時快速上升拉回股價。這種形態是主力大舉出貨的表現，因為主力手上握有的籌碼較多，不可能一下子出完，所以將股價維持在高位，以利繼續出貨。

實戰案例

如圖4-10所示，萬科A（000002）在前期快速上漲後，整體漲幅已經很大，2016年8月16日出現大幅跳空開高，然後維持在高位震盪，直到收盤前

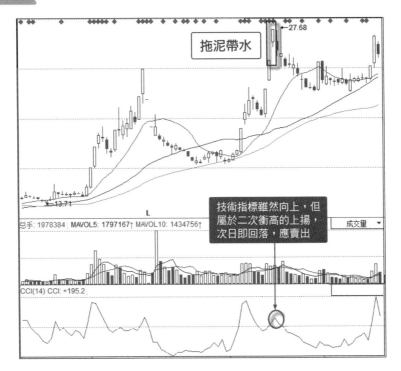

圖4-10　萬科A日線圖

拖泥帶水

←27.68

技術指標雖然向上，但
屬於二次衝高的上揚，
次日即回落，應賣出

成交量

←13.71

总手: 1978384　MAVOL5: 1797167↑　MAVOL10: 1434756↑

L

CCI(14) CCI: +195.2

快速上漲，最後鎖住漲停板，形成拖泥帶水形態。

　　此時使用分時圖觀察，更容易判定後市行情。如圖4-11（見下頁）所示，股價在大幅開高後，一直在漲停板附近震盪，直到尾盤才強拉鎖死漲停板。雖然全天成交量是放大的紅柱，但是主力維持高位出貨的意圖很明確，投資者應在尾盤漲停後果斷賣出。

實戰要領

　　（1）拖泥帶水形態出現前，短期股價往往處在快速上漲階段，整體漲幅已經很大，是主力在高位出貨的徵兆。

　　（2）出現此形態的當天可以收在陰線或陽線，不論哪一種，往往都會留有下影線。

圖4-11　萬科A 2016年8月16日分時圖

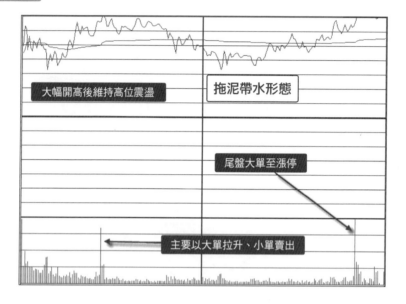

大幅開高後維持高位震盪

拖泥帶水形態

尾盤大單至漲停

主要以大單拉升、小單賣出

（3）這個形態出現時，股價大多在漲停板附近震盪，或是直接以漲停價開盤後回落，到尾盤再強拉。

（4）這個形態出現時，技術指標通常會持續向上，接著出現回落。

4-3 股價將反轉直下！看到烏雲蓋頂等6種形態就快逃

1・烏雲蓋頂

　　「烏雲蓋頂」形態下，股價在上漲過程中出現一根較長的陽線，緊接著是開高走低且收低的陰線。這根陰線的實體向下切入前一日陽線的實體，而且重疊部分超過1/2。此形態代表主力在上漲中大舉出貨，是賣出訊號。

⬆ 實戰案例

　　經過前期大幅上漲後，天潤數娛（002113）在2016年8月15日與22日、25日與26日，先後2次出現烏雲蓋頂形態，並且2次陰線實體都向下超過前面的陽線實體。此時CCI指標由高位震盪向下，說明主力在高位出貨的意圖明顯，投資者應果斷賣出。如圖4-12（見下頁）所示。

💡 實戰要領

　　（1）烏雲蓋頂形態出現前，股價要不經過大幅度上漲，要不正處於短期快速上漲中。

　　（2）第二個交易日的陰線，向下切入前方陽線實體的比例越大，則形態的可信度越高，如果超過陽線實體部分，則後市轉跌的機率更大。

　　（3）這個形態出現時，多數技術指標不會立刻下滑，但CCI指標會明顯向下。

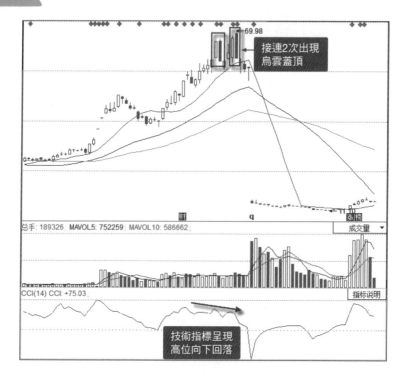

2・傾盆大雨

「傾盆大雨」形態下，在上漲趨勢中出現一根中陽以上的陽線，緊接著是開低走低、實體較長的陰線。這種形態與烏雲蓋頂有些相似，不過陰線實體位於陽線實體之下，在趨勢上顯得更弱勢。

🔼 實戰案例

2016年9月12日，三聚環保（300072）在大幅上漲的趨勢中出現一根中陽線。次日，股價開低略為衝高後，隨即一路震盪下跌，同時成交量放大，最後在跌停板收於一根光腳陰線，而且實體遠遠向下超過前一日的陽線實體，形成傾盆大雨形態。此時CCI指標明顯下彎，代表主力大幅拉抬股價後，開始在高位出貨，投資者應果斷在跌停前賣出。如圖4-13所示。

圖4-13　三聚環保日線圖

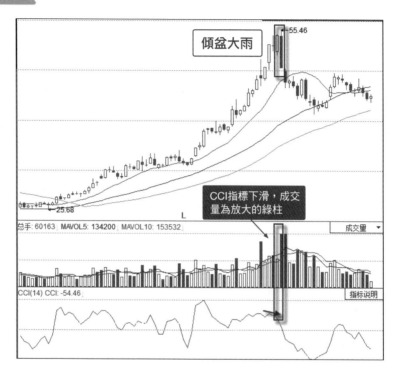

💡 **實戰要領**

（1）傾盆大雨形態出現前，股價處於明顯的上漲趨勢。

（2）次日即使衝高也很短暫，而且回落的幅度通常很大，收盤價會低於前一根陽線實體。這天的陰線實體越向下，後市轉跌的機率越大。

（3）這個形態出現時，技術指標通常會明顯下滑，是股價急速轉跌的徵兆。

3・三隻烏鴉

股價在上漲趨勢中，接連出現3根依次下行的陰線，而且每一根的收盤價都低於上一根的開盤價，彷彿3隻站立枝頭的烏鴉，所以稱為「三隻烏

圖4-14 　格林美日線圖（除權前）

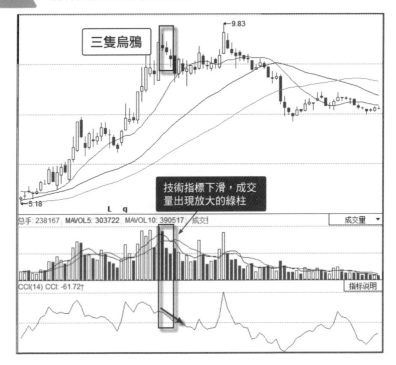

「鴉」形態，這是股價快速轉跌的徵兆。

🔼 實戰案例

　　經過前期上漲後，2016年6月中旬，格林美（002340）除權前的股價先是收出只有實體的大陽線，接著是3根開低收低、實體較小的小陰線，而且都有較長的上下影線，形成三隻烏鴉形態。此時成交量放大，CCI指標下滑，說明主力已在高位出貨，投資者應當及時賣出。如圖4-14所示。

💡 實戰要領

　　（1）三隻烏鴉形態出現前，股價往往處在明顯的上漲行情中。

　　（2）在判斷該形態時，必須保證3根下跌的陰線實體大小都差不多，而且每一根的開盤價都低於前一根的收盤價。

（3）3根陰線的實體部分越大，且向下開低的角度越大，後市快速轉跌的機率就越大。

（4）這個形態出現時，技術指標通常呈現明顯的下跌趨勢。

4・黃昏之星

股價在一波上漲後，尤其是在漲幅巨大的情況下，先出現一根中陽以上的陽線，接著是位置較高的十字星或實體短小的K線，最後是中陰以上的陰線，這3根K線組合就稱為「黃昏之星」形態。此形態若出現在高位，是股價見頂的徵兆。

⬆ 實戰案例

如圖4-15（見下頁）所示，經過前期的一波上漲之後，皖通高速（600012）在2016年7月21日出現一根維持漲勢的陽線，其後接著上下影線比較長、實體很小的陰線，第三日則是與21日陽線大小相當的陰線，形成黃昏之星形態。此時CCI指標呈現下跌趨勢，表示股價即將回落，投資者應當及時賣出。

💡 實戰要領

（1）黃昏之星形態出現前，股價必須經過一波明顯的上漲。漲幅越可觀，則形態出現後轉跌的機率越大。

（2）如果第二日收於放量的十字星，不管是陰十字星或陽十字星，後市轉跌的機率都比較大。

（3）這個形態若呈現向右傾斜，也就是最後一根陰線的實體向下超過第一根陽線的最低價，投資者應在當天即刻賣出。

（4）判斷黃昏之星成立的條件，一是股價在高位，二是技術指標同步下滑。如果出現在震盪行情，則往往沒有意義。

圖4-15　皖通高速日線圖

5‧一陰破三線

上漲行情末期，在13MA逐漸走平的情況下，股價相繼跌破13MA與34MA，之後均線集中靠攏，股價突然在一個交易日內跌破所有均線，就形成「一陰破三線」形態。此形態出現的當天往往會收出一根陰線，是股價暴跌的徵兆。

⬆ 實戰案例

創興資源（600193）經歷前期上漲後，正處在高位震盪階段。2016年7月19日，股價跌破13MA，又在21日跌破34MA，當天收盤時又跌破55MA，形成一陰破三線形態。此時CCI指標明顯回落，表示股價的跌勢正式確立，投資者應果斷賣出。如圖4-16所示。

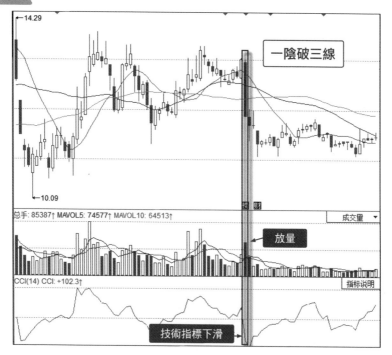

圖4-16 創興資源日線圖

實戰要領

（1）一陰破三線形態出現前，股價往往處在上漲趨勢末期，或是高位震盪階段。

（2）這個形態出現時，技術指標會上升，成交量會放大。

（3）這個形態一般是股價加速下跌的徵兆，投資者應儘快賣出。有經驗的投資者往往會在發現股價跌破55MA時，當天果斷賣股出場。

6・一箭穿心

個股在高位震盪的過程中跌破55MA，中長期均線由上揚轉成走平，13MA向下跌破55MA，股價在均線交會點的下方收於陰線，就形成「一箭穿心」形態。這表示主力已經出貨完畢，投資者應及時賣出。

圖4-17　榮之聯日線

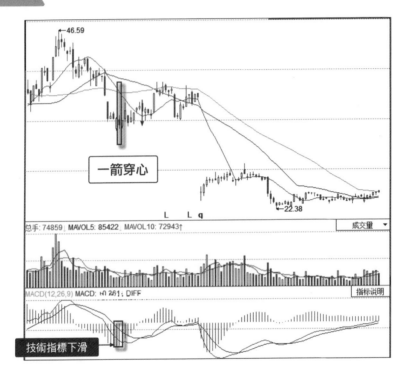

實戰案例

　　如圖4-17所示，榮之聯（002642）在2015年高位震盪期間，13MA和34MA都轉為下滑，55MA也由上揚轉成走平，股價相繼跌破13MA和34MA。隨後，13MA向下跌破55MA，股價在均線下方收出一根陰線，形成一箭穿心形態。此時MACD指標的雙線下滑，表示主力已經出貨，股價將轉向下跌，投資者應賣出股票。

實戰要領

　　（1）一箭穿心形態出現時，股價往往處在高位震盪期。

　　（2）這個形態出現時，技術指標往往呈現下滑的趨勢，否則不能確認形態成立。

第 5 章

結合成交量的變化，
讓盤勢盡收眼底

5-1 一旦均線與成交量出現這些組合，千萬別猶豫！

均線與成交量的關係，其實就是週期平均價與成交量的關係。本章將逐一解讀經典的成交量形態，以及該如何結合135均線系統來把握買賣時機。

均線過頂＋成交量高位放大

投資者要注意135均線過頂，配合成交量高位放大的跡象。均線過頂指的是股價在大幅拉升後，開始向13MA靠攏並橫向震盪。此時配合成交量持續放大，技術指標從高位向下回落，這些都是明顯的頭部跡象，投資者應及時賣出持股。

🔼 實戰案例

從2016年6月22日開始上漲的過程中，榕基軟體（002474）的成交量持續放大，形成量堆，期間包含較大的綠柱，同時MACD指標在上升到高位之後回落。在K線上，股價先是上漲並向上遠離13MA，然後逐漸向13MA靠攏，在高位滯漲。這就是均線過頂配合成交量高位放大，投資者應及時賣出持股。如圖5-1所示。

💡 實戰要領

（1）在上漲後期，均線變化往往是從13MA開始，但等到13MA出現下滑，股價通常已經下跌，因此要在成交量明顯放大時，就提前關注頭部形成的跡象。

（2）成交量大幅放大時，技術指標往往會從高位下滑。唯有均線過頂

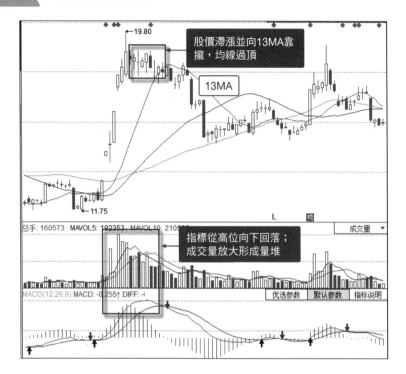

圖5-1　榕基軟體日線圖

且技術指標下滑時，才能確認頭部形成。若只有單一指標出現徵兆，則不能確定為頭部。

均線多頭排列＋頭部量堆滯漲

　　量堆是指成交量集中在一段時間內成倍放大，形成小山的形狀，往往代表期間發生高度換手。這種情況若出現在均線多頭排列、股價上漲時，後續一旦股價滯漲，代表頭部形成，投資者應及時賣出持股。

⬆⬆ 實戰案例

　　在多頭上漲的格局中，同濟堂（600090）於2016年8月10～18日快速上漲，成交量有效放大，形成一個小量堆。這時候，135均線呈現多頭排列，

圖5-2 同濟堂日線圖

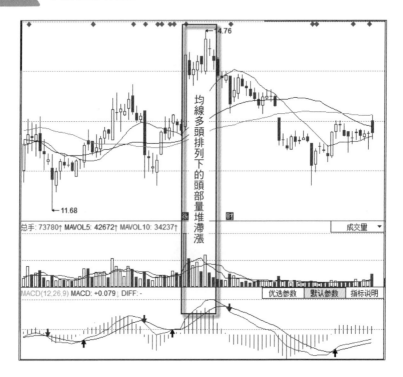

MACD指標的紅柱和成交量一樣構成小山形狀，漸漸由高位向下回落，投資者應果斷賣出持股。如圖5-2所示。

💡 **實戰要領**

（1）頭部量堆出現時，如果股價沒有滯漲，不能判斷已經見頂。

（2）如果股價滯漲，同時成交量與MACD紅柱都形成量堆，而且技術指標從高位向下滑落，往往是見頂的徵兆，投資者應注意。

溫和放量＋均線黃金交叉

溫和放量是指，股價經過較長時間的大幅下跌後，成交量從低位逐漸放大。此時55MA走平或略向上揚，一旦13MA向上穿越55MA，形成均線的黃

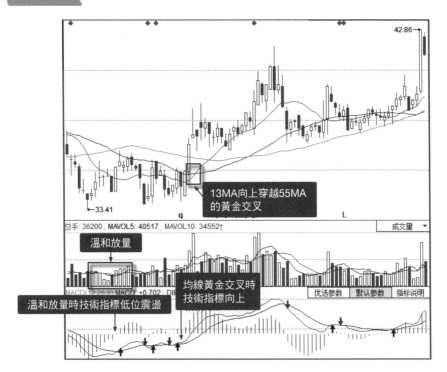

圖5-3　嘉事堂日線圖

金交叉，往往代表主力在低位完成資金布局，股價將開始上漲，投資者可以大膽買進。

實戰案例

　　經過前期大幅下跌後，嘉事堂（002462）於2016年5月23日至6月3日，出現成交量的溫和放大。到了7月19日，13MA向上運行，與略為上揚的55MA形成黃金交叉，此時投資者可以買進。如圖5-3所示。

實戰要領

　　（1）成交量溫和放大，是主力在股價底部進場布局的表現，投資者此時買進仍有風險，應等到均線出現黃金交叉再進場。
　　（2）成交量溫和放大時，技術指標往往呈現低位震盪。

地量＋均線纏繞

地量是指在股價長期下跌後，成交量僅剩下前期高點的20%左右。此時股價在低位震盪，3條均線聚攏纏繞，一旦在纏繞過程中形成低位的多頭排列，往往預告股價即將上漲，投資者可以在發現放量上漲時大膽買進。

⇧ 實戰案例

2016年2月底至3月底，*ST坊展（600149）的成交量一直都很小，而且3條均線相互靠近並纏繞。當均線纏繞變成多頭排列，成交量從地量變成持續放大時，投資者應進場買股。如圖5-4所示。

圖5-4　　*ST坊展日線圖

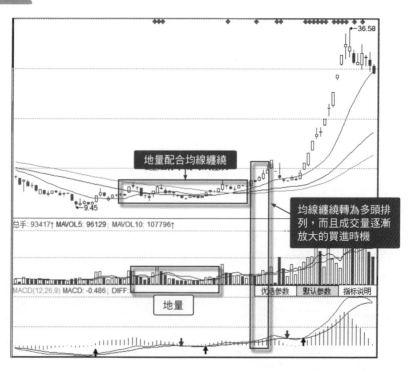

💡 實戰要領

（1）地量是成交量在低位常見的形態，但只有135均線相互聚攏纏繞，或是與股價形成纏繞，才代表主力正在買股布局。

（2）在判斷地量水準時，應該以前期最大成交量的20%為標準，但地量通常會低於這個標準，甚至是在前期最大成交量的10%以內。地量持續的時間越久，後市催生出黑馬股的機率越大。

（3）當地量配合均線纏繞，最佳買點出現在均線轉為多頭排列、成交量放大、技術指標向上運行時。

5-2 【買點】透過8種形態，掌握底部看漲的機會

1‧步步高

　　「步步高」形態下，成交量因為股價大幅下跌而極度萎縮，之後逐步緩慢放大，雖然緩慢得幾乎沒有引起投資者關注，但是放大的形態很明顯。這表示底部低檔有資金進入，是看漲的買進形態。

實戰案例

　　在前期明顯下跌後，金路集團（000510）的成交量大幅萎縮，隨後在2016年5月20～24日、5月27日至6月2日，以及6月27日至7月5日，成交量接連3次緩步增加，形成步步高形態。這表示主力資金連續在低位買進，投資者可以在形態出現時進場。如圖5-5所示。

實戰要領

　　（1）步步高形態出現前，股價通常經過較明顯的下跌，而且成交量極度萎縮。

　　（2）這個形態出現時，成交量呈現穩步增長的小紅柱，股價往往處在低位震盪期。

　　（3）積極型投資者可以與主力同時在低檔建立部位，穩健型投資者則可以在形態出現後，股價放量上漲、技術指標上揚時進場買股。

圖5-5　　　金路集團日線圖

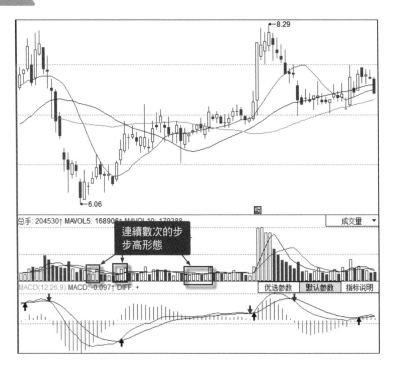

2・螞蟻上樹

　　「螞蟻上樹」形態下，在股價縮量下跌後，2條向下滑落的中長期均線開始放緩或走平，13MA則是已經走平；當股價站上13MA，會以小陽線持續上漲，成交量也穩步放大。出現這個形態，表示有資金正在用一邊拉升、一邊買進的手段逐步介入，股價將告別底部。

實戰案例

　　經過2016年4月至5月上旬的大幅下跌後，海正藥業（600267）的成交量逐漸萎縮。到了6月24日，34MA與55MA的下滑坡度趨緩，13MA轉向上揚。6月27日，股價再次回到13MA之上，並沿著13MA，以小陰線和小陽線持續上漲，且伴隨成交量持續放大，形成螞蟻上樹形態。

　　這說明主力資金已完成在底部低檔的布局操作，繼續以不斷買進的方式推動上漲，投資者應及時跟進買股。如圖5-6所示。

💡 實戰要領

　　（1）螞蟻上樹形態出現前，股價往往經過時間較長、幅度較大的下跌，成交量則是極度萎縮。

　　（2）這個形態出現時，當股價向上突破13MA繼續上行，必須配合成交量逐漸放大。如果成交量忽大忽小，代表主力在後市不斷上漲的過程中清洗浮額，但只要量能穩定，清洗浮額時下跌的幅度不會太大。

3・小鳥依人

　　股價經過充分的底部盤整後，突然出現一根放量中陽或長陽線，次日卻是開平走低或開低走低，而且成交量大幅縮減。這根藏在陽線裡面的小陰線或小陽線，甚至是十字星，就是「小鳥依人」形態。

　　這個形態說明主力資金正在拉高股價，藉此試探市場的反應，投資者應在形態出現且成交量恢復正常後買進。

⬆️ 實戰案例

　　經過前期的低位震盪之後，北新建材（000786）於2016年6月21日突然放量上漲，當日收於中陽線。次日，股價短暫走高後回落，收出一根小陰線，而且成交量大幅縮減，形成小鳥依人形態。這說明主力開始拉升股價，藉此測試市場的反應，投資者應在成交量平穩且股價止穩時買進。如圖5-7所示。

💡 實戰要領

　　（1）小鳥依人形態出現前，股價必須經過充分的低位盤整。

　　（2）這個形態出現時，成交量必須大幅縮減，否則後市震盪的幅度可能較大。

圖5-6　　海正藥業日線圖

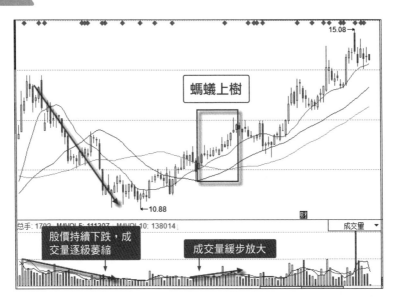

圖5-7　　北新建材日線圖

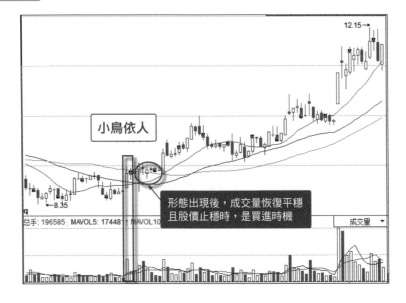

4・一石二鳥

「一石二鳥」形態是指,股價大幅度下跌後,在低位震盪盤整,135均線走平並初步形成多頭排列,此時出現一根放量中陽或長陽,使股價爬上55MA,其後接著2根實體較小的縮量陰線。

這個形態往往是主力建立部位後,在展開拉升前清洗浮額的徵兆,目的是嚇退低位獲利籌碼。主力不但嚇走低位持有者,又逢低建立部位,所以這個形態稱為一石二鳥。

實戰案例

經過前期的下跌和低位盤整後,東方雨虹(002271)的13MA、34MA、55MA,在2016年6月底形成多頭排列。股價突破55MA後,在6月27日出現一根中陽上漲,然後接連2天出現小陰線,且伴隨明顯的縮量,形成一石二鳥形態。這表示股價即將開始上漲,投資者應在此形態出現後,股價止穩放量時買進。如圖5-8所示。

圖5-8　東方雨虹日線圖

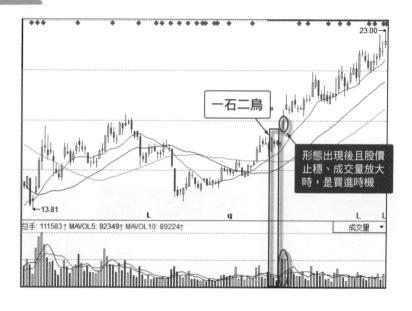

實戰要領

（1）一石二鳥形態出現前，股價必須經過長期下跌和充分低位盤整。

（2）這個形態出現時，均線系統必須呈現多頭排列，而且在55MA的上方出現一陽兩陰。

5・星星點燈

經過長期下跌和充分盤整後，成交量極度萎縮，直到有一天股價打破盤整形態，以放量長陽快速上漲。次日，股價繼續衝高，雖然有回檔，但是當日收盤價不會低於前一日，最後收於一根有上影線、實體較小的陽線或陰線，且伴隨較大的成交量。

這根帶有上影線的陰線或陽線，就叫作「星星點燈」。此形態是主力快速加碼的體現，因此也是可靠的買進時機。

實戰案例

經過前期的下跌與低位盤整後，億利達（002686）突然在2016年3月17日出現一根放量中陽線。次日，股價繼續上衝，雖然有些回落，但收盤價依然高於前一日，形成星星點燈形態。這表示股價開始上漲，主力加碼強力上攻，投資者應及時買進。如圖5-9（見下頁）所示。

實戰要領

（1）在星星點燈形態出現之前，股價必須經過較長時間的下跌和低位盤整。

（2）這個形態出現時，第一根陽線必須伴隨放量，當天大多是漲停，此時上漲的幅度越大，表示主力拉升的決心越強。第二根可以是陽線或陰線，但收盤價必須在前一根陽線的上方，如果當天量能繼續放大，後市出現快速上漲的機率更大。

圖5-9　億利達日線圖

6・八仙過海

「八仙過海」形態是指，經過充分的低位盤整後，隨著成交量逐級放大，股價拉出8根上漲小陽線（包括陽十字星）。這表示主力的建立部位即將完成，之後一旦出現揭竿而起形態，就代表行情開始上漲。

實戰案例

在前期的下跌與低位盤整後，金陵藥業（000919）在4月22日至5月5日接連出現8根上漲小陽線，伴隨成交量溫和放大，形成八仙過海形態。這說明主力的布局接近尾聲，在隨後出現揭竿而起形態（7月4日）和星星點燈形態（7月5日）時，投資者應果斷買進。如圖5-10所示。

實戰要領

（1）八仙過海形態出現前，股價往往經過較長期的下跌和低位盤整。

（2）這個形態出現時，成交量必須放大，但又不能過大，否則很容易

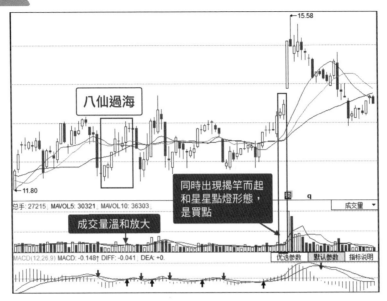

圖5-10　金陵藥業日線圖

引發後市更大幅度的震盪。

（3）這個形態只代表主力建立部位即將完成，投資者應等到之後出現揭竿而起形態時，再進場買股。

7・九九豔陽天

「九九豔陽天」形態下，股價經過長期下跌和充分盤整後，突然在底部接連出現9根小陽線（包括陽十字星，甚至1～2根陰十字星），且伴隨成交量小幅放大。這表示主力在低位連續買股布局，股價很快就會離開底部，因此是買進形態。

👆 實戰案例

經歷前期的大幅下跌和低位震盪後，嘉應製藥（002198）在2016年2月2～12日，陸續出現9根陽線，中間只夾一根實體極小的小陰線，且伴隨成交量明顯放大，形成九九豔陽天形態。這說明主力開始大舉買進，投資者應在

形態出現後，回檔結束、股價止穩時買進。如圖5-11所示。

💡 實戰要領

（1）九九豔陽天形態出現前，股價往往經過較大幅度的下跌，或是充分盤整。

（2）這個形態出現時，9根小陽線會呈現上漲趨勢，但是幅度不大，且伴隨成交量溫和放大，13MA從走平轉成上揚。

（3）這個形態出現後，往往會有回檔，但幅度通常不大，因此最佳買點出現在回檔後股價止穩的位置。

8・十全十美

「十全十美」形態下，在較長時間的下跌和充分盤整後，13MA漸漸從下滑轉成走平，K線上陸續出現10根上漲的小陽線，依次將股價推高，且伴隨成交量逐漸放大。此形態可說是主力資金持續進場的表現，後市即使沒有快速上漲，也會出現緩步攀升的長期上漲行情，因此是買進形態。

👆 實戰案例

在前期大幅下跌並充分震盪之後，恒邦股份（002237）在2016年1月29日至2月18日的10個交易日內，接連出現10根上漲的小陽線，且伴隨成交量明顯放大，形成十全十美形態。這說明主力資金在低位接連買進，投資者應在形態出現後及時進場。如圖5-12所示。

💡 實戰要領

（1）十全十美形態出現前，股價經過長期下跌和充分底部震盪。

（2）這個形態由10根接連上漲的小陽線組成，中間可以偶爾出現陰十字星或實體極小的陰線，但不能過多。

（3）這個形態出現時，成交量必須逐步放大。

圖5-11　嘉應製藥日線圖

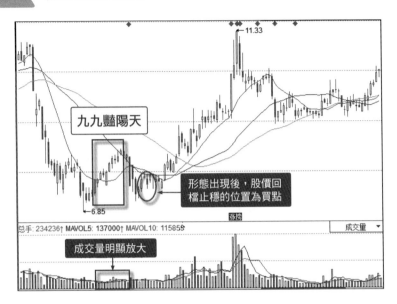

圖5-12　恒邦股份日線圖

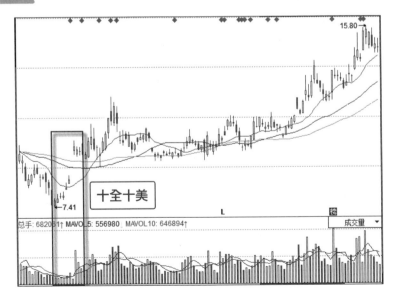

5-3 【賣點】大幅放量的5種形態，是後市轉跌訊號

1‧明修棧道

　　「明修棧道」形態下，股價在一波上漲後突然加速攀升，伴隨成交量明顯放大，當天收出一根長陽線或是以漲停收盤。這種形態說明主力資金在拉高出貨，吸引散戶跟風接盤。

⬆ 實戰案例

　　如圖5-13所示，經過2016年5月中旬至6月的上漲行情後，衛甯健康（300253）在高位震盪，到了7月26日突然出現一根放量長陽線，成交量也瞬間翻倍，形成「明修棧道」形態。

　　這種看似即將快速上漲的形態，其實是主力藉由大幅拉升股價，吸引跟風盤湧入買進，以實現高位出貨的目標，因此投資者要及時賣股出場。

💡 實戰要領

　　（1）明修棧道形態出現前，往往經過一波明顯的上漲行情。

　　（2）這個形態出現時，當日成交量必須遠遠高過之前的量能。當天的放量越大，後市轉跌的機率越高。

　　（3）這個形態出現時，當天股價通常會漲停，或是出現接近漲停板的大長陽線。這透露主力資金出逃的跡象，因此要在當天立即賣出。

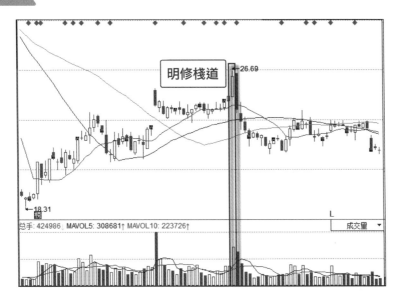

圖5-13　衛甯健康日線圖

2・獨上高樓

「獨上高樓」形態下，股價大幅上漲後突然跳空開高（多以漲停板開盤），隨後卻向下回落，拋盤明顯增多。如果當天出現上漲縮量、下跌放量，就代表主力的主要目標是出貨，股價轉為跌勢的機率極高，當天很容易收出巨量長陰線。

⬆ 實戰案例

如圖5-14（見下頁）所示，股價短期快速上漲後，星星科技（300256）在2016年6月16日出現漲停，累積的短期漲幅已經翻倍。次日個股依然大幅開高，但僅僅維持一瞬間的上衝，就一路震盪回落，午後更出現放量下跌，最終收於長陰線，伴隨成交量放大，形成獨上高樓形態。

其實，此時個股距離短期填權只有一步之遙，說明主力藉由短期填權的上漲，掩護大舉出貨的行動。（編按：在除權後，除權前一日收盤價與除

圖5-14　星星科技日線圖

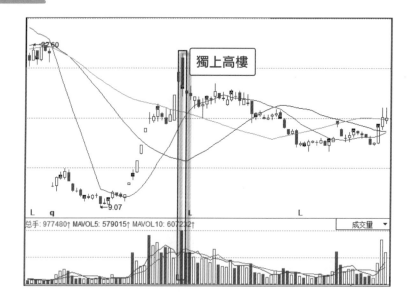

權後價位之間留下一個除權價位缺口，若股價回升超過除權前一天的收盤價，稱為「填權」。）投資者應在當天放量下跌時果斷賣出。

💡 **實戰要領**

（1）獨上高樓形態出現前，股價經過一波明顯的上漲，此時漲幅力道越大、越強烈，之後快速轉勢的機率就越高。

（2）這個形態出現時，當天會以開高後逐漸回落的走勢為主，即便是以漲停板開盤，也只是曇花一現。

3・一枝獨秀

「一枝獨秀」形態下，股價先是上漲，然後在前期高點或壓力位附近衝高回落，留下一根帶有長上影線的放量陽線。這表明主力正在大舉出貨，之後往往會出現快速的反轉趨勢，因此是賣出型態。

圖5-15　梅安森日線圖

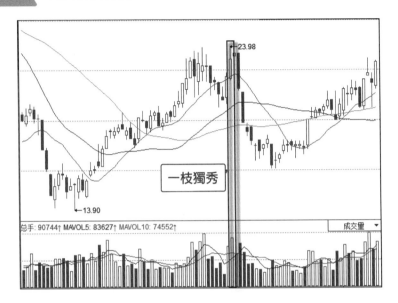

實戰案例

　　如圖5-15所示，經過前期的大幅上漲後，梅安森（300275）在2016年4月中下旬短暫修正，然後恢復上漲行情，股價快速拉高一舉突破前期高點。到了5月4日，股價突然開高走高，創出新高23.98元之後又馬上回落，收出一根上影線較長的大陽線，且伴隨成交量明顯放大，形成一枝獨秀形態。

　　此形態說明主力不惜下重本，以大單維持股價高位，同時以中小單出貨，因此投資者要及時賣出持股。

實戰要領

　　（1）一枝獨秀形態出現前，股價的整體漲幅往往很可觀，從短線來看，正處於前期高點或是壓力位附近。

　　（2）這個形態出現時，當日成交量通常比較大，股價經常創出新高，收出帶有長上影線的陽線。原則上，上影線越長，後市轉跌的機率越大。

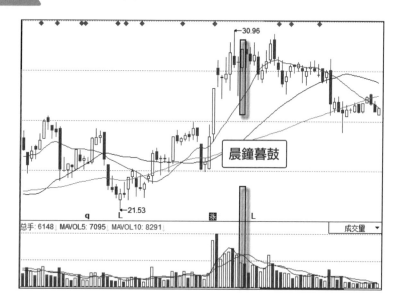

圖5-16　安科瑞日線圖

4・晨鐘暮鼓

　　股價經過一波快速拉升後，表面上出現一根較長的上漲陽線，但實際上量能已經減弱，當日成交量縮小，次日股價下跌。這根縮量陽線即為「晨鐘暮鼓」，此形態經常是主力出貨後，股價上漲乏力的表現，是賣出形態。

⇧ 實戰案例

　　經過前期的快速上漲之後，安科瑞（300286）在2016年6月27日出現一根較長的陽線。當日尾盤拉升至漲停收盤，成交量卻大幅縮減，次日股價下跌，形成晨鐘暮鼓形態。這說明主力在表面上維持股價，實際上則悄悄出貨，才會出現縮量的長陽線。此時股價上漲乏力，投資者應及時賣出。如圖5-16所示。

💡 實戰要領

　　（1）晨鐘暮鼓形態出現時，股價通常處在明顯的上升趨勢。

（2）這個形態出現時，往往會收出一根不帶上影線，或是上影線極短的中長陽線，成交量則明顯縮量。同時，技術指標從高位向下回落，尤其均量線更明顯，甚至出現死亡交叉。

5・落井下石

「落井下石」形態下，在一波快速拉升之後，主力以明修棧道、獨上高樓或一枝獨秀等形態集中出貨，次日為了繼續在高位出貨，必須減少拋盤壓力，於是使用開高走低的操作策略。

開高是為了吸引跟風盤，走低則是主力出貨導致股價逐漸回落，所以在K線上經常出現穿頭破腳的大陰線，且伴隨成交量放大。此形態表示下跌趨勢已經形成，投資者應儘快賣出。

⇧ 實戰案例

如圖5-17（見下頁）所示，經過前期上漲之後，永東股份（002753）在2016年7月13日突然大幅開高，然後一路走低，而且成交量格外放大，當日收出一根巨量長陰線，形成落井下石形態。這表示主力在大舉出貨，趨勢即將反轉向下，投資者應在當天股價一落千丈之前及時賣出。

💡 實戰要領

（1）落井下石形態出現前，股價往往經歷較大幅度的上漲，短線處於快速拉升的形態。

（2）這個形態出現時，當天股價往往大幅度開高走低，通常是以漲停價開盤然後回落，最後收出長陰線。

（3）這個形態出現時，當日成交量往往高於近期水準。理論上，成交量的綠柱越長，後市的反轉機率就越大。

圖5-17 永東股份日線圖

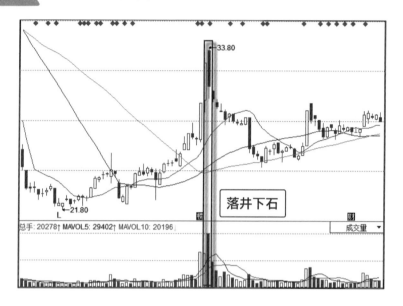

第 **6** 章

搭配MACD指標，
預測趨勢更神準

6-1 均線4種狀態加上MACD變化，你該如何操作？

　　MACD指標是波段操作的神兵利器，再配合135均線系統，更能發揮它的巨大功能，協助投資者研判股價趨勢、辨識頭部與底部，成功把握買賣的最佳時機。

指標多頭向上

　　指標多頭向上是指，135均線形成多頭排列並向上揚，MACD指標的DIFF線位在DEA線上方，DEA線會是水平或上揚的走勢。

⬆ 實戰案例

　　如圖6-1所示，從2016年8月24日開始，鳳形股份（002760）的3條均線形成多頭排列並向上揚，MACD指標的DIFF線位在DEA線上方，雙線同步向上，表示股價步入上漲行情，投資者隨時都能買進。

　　到了9月28日，均線系統雖然還是多頭排列，不過MACD指標的DIFF線向下回落，並在9月29日與DEA線形成死亡交叉，雙線同步向下。這表示上漲行情結束，投資者應及時逢高賣出。

💡 實戰要領

　　（1）指標多頭向上是股價處在上升行情的象徵，此形態的初期往往是買進良機，末期則是賣出的時機。

　　（2）在均線多頭排列的基礎上，MACD指標的DIFF線要在DEA線上方，2條線雙雙向上揚起，才符合多頭向上形態。

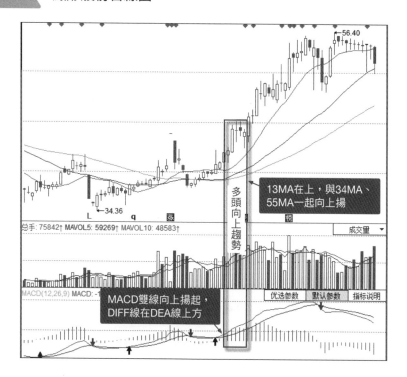

圖6-1　鳳形股份日線圖

（3）只有均線和MACD指標同時出現多頭向上，才是股價穩穩上漲的訊號，也是最佳買進時機。

指標空頭向下

指標空頭向下是指，135均線形成空頭排列並向下彎，MACD指標的DIFF線位在DEA線下方，與DEA線一起向下滑落。在這種形態下，投資者應避免一切操作。

🔺 實戰案例

2015年12月31日至2016年7月25日期間，金髮拉比（002762）的3條均線形成空頭排列並向下滑，MACD指標的DIFF線跌破DEA線，雙線一起下

圖6-2　　金髮拉比日線圖

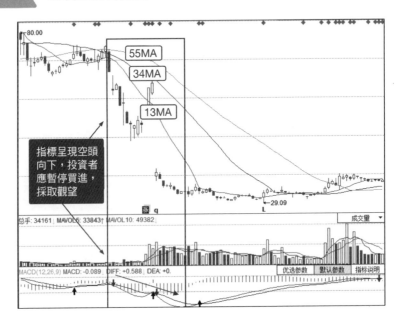

彎，表示股價進入下跌行情，投資者不可買進，應保留資金暫且觀望。如圖6-2所示。

💡 實戰要領

（1）指標呈現空頭向下時，即使股價出現反彈，通常只會持續很短的時間，所以不應買進。

（2）不僅是均線形成空頭排列，MACD指標的DIFF線也要位在DEA線下方，雙線向下滑落，才符合空頭向下形態。

（3）在空頭向下形態中觀察指標時，時間間距不能過短，應該從指標線出現震盪的時候開始納入考量。

底部反轉的均線與MACD

當股價即將從底部反轉，大多會先在低檔震盪，此時55MA在均線系統

圖6-3 榕基軟體日線圖

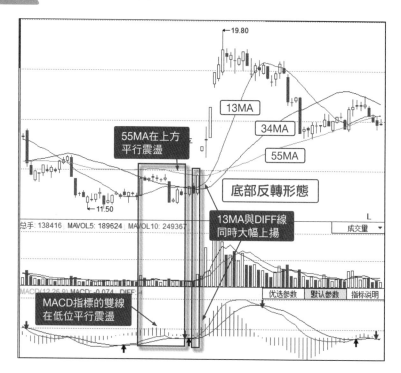

的最上方稍微向下或走平，13MA和34MA則是走平。等到具體出現底部反轉時，均線系統通常是13MA向上揚，34MA與55MA走平（快速反轉的情況除外）。

此時，MACD指標經過低位震盪後，不斷向上接近0軸，DIFF線會向上穿越DEA線，形成黃金交叉，然後明顯向上騰高。上述的均線與MACD指標變化，都是股價快速反轉向上的徵兆，投資者應及時買進。

實戰案例

如圖6-3所示，2016年5月，榕基軟體（002474）呈現低位震盪，55MA在最上方與34MA一起逐漸走平，同時MACD指標在0軸下方低位震盪，並逐漸走高。到了6月20日，MACD指標出現黃金交叉，DIFF線向上穿越DEA線。6月22日，DIFF線向上騰高，13MA突然大幅上揚，且伴隨成交量放

大。這表示股價開始從底部反轉，投資者應立即買進。

💡 實戰要領

（1）股價從底部反轉時，依據震盪盤整的持續時間不同，均線會出現不同的排列情況，但最明顯的跡象是13MA、MACD指標的DIFF線突然向上騰高。

（2）當13MA與DIFF線突然上揚，成交量會同時放大。

（3）股價從底部反轉時，K線往往出現明顯的底部形態，此時的34MA、55MA，以及MACD指標的DEA線，必須是走平或稍微上揚的走勢，而且MACD的雙線皆在低檔行進。

頭部反轉的均線與MACD

當股價出現頭部反轉，中長期的34MA與55MA通常會向上運行，只有13MA向下彎。在MACD指標中，DIFF線原本位在DEA線上方，此時突然從高位轉向下滑，DEA線的反應則比較慢，會先維持一段上揚或走平，再轉向下滑。

🔼 實戰案例

2016年7月8～14日期間，拓普集團（601689）經過前期上漲後，34MA與55MA保持上揚，13MA卻逐漸走平然後下滑。此時，MACD指標的DIFF線從高位向下回落，與DEA線形成死亡交叉，而且雙線下滑。這表示股價開始從頭部反轉，投資者應及時賣出。如圖6-4所示。

💡 實戰要領

（1）頭部反轉時，最明顯的跡象是13MA向下交叉34MA、DIFF線向下死亡交叉DEA線，最佳的賣出時機出現在13MA下彎、DIFF線從高位向下回落時。

（2）股價從頭部反轉時，K線大多會出現明顯的頭部形態，投資老手會選擇在此時出場，不用等到均線與MACD指標出現頭部反轉才賣出。

圖6-4　拓普集團日線圖

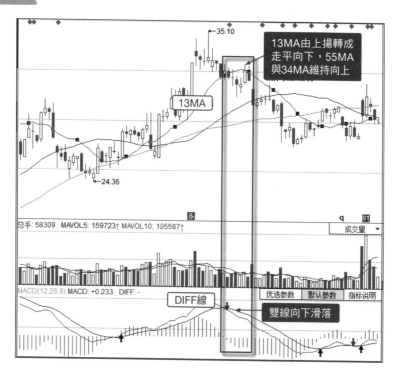

（3）頭部反轉時，即使股價出現反彈，投資者也不應進場，尤其是MACD指標依然向下滑落時。

均線趨勢 vs. MACD趨勢

　　均線與MACD指標顯示的趨勢方向，通常都會相符。也就是說，在上漲行情中，均線向上，MACD雙線也向上；在下跌趨勢中，均線向下，MACD雙線也向下。在上漲趨勢的修正行情中，中長期均線向上，短期均線向下，MACD雙線震盪向下；在震盪行情中，均線纏繞震盪，MACD雙線也在低位震盪。

　　如果均線與MACD指標顯示的趨勢相反，就是指標的背離現象，代表行

圖6-5 雙成藥業日線圖

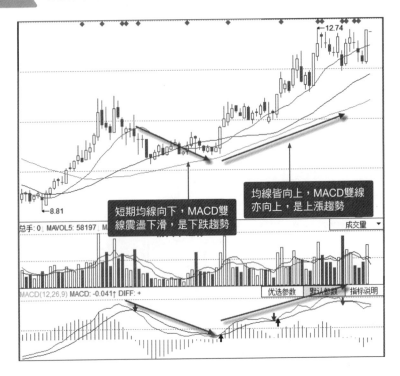

情可能出現反轉。投資者在操作時，要根據股價趨勢和指標變化，來決定買進或賣出。

👆 實戰案例

　　如圖6-5所示，2016年7月底至8月底，雙成藥業（002693）的34MA和55MA向上揚，13MA卻向下滑落，MACD指標的雙線震盪向下，表示此時是上漲趨勢中的修正行情，投資者不應買進。

　　2016年9月初至10月中旬，均線系統的3線向上，MACD指標的雙線也向上揚，表示行情為上漲趨勢，投資者應積極做多。

💡 實戰要領

（1）當短期均線向下、中長期均線向上，是上漲中的修正行情，此時投資者應持續觀望。之後，如果短期均線恢復向上，MACD雙線也向上揚，投資者可以做多買進。另一方面，如果在修正行情之後，中期均線轉向下滑，代表修正幅度可能會加大，如果長期均線也跟著向下，代表中期趨勢將轉變，MACD雙線也會向下滑落。

（2）當均線與MACD指標同步出現向下的走勢，投資者不應買進。

（3）均線和MACD呈現的趨勢只能作為參考，並不是確認趨勢和買賣點的根據。投資者要結合週線圖觀察，才能更準確地把握大趨勢演變。

6-2 【買點】注意均線排列與 MACD低位黃金交叉

短期均線與DIFF線同時向上

股價經過弱勢盤整後，如果短期均線13MA突然反轉上揚，MACD指標中的DIFF線也向上騰起，往往代表股價結束修正，即將開始上漲，是明顯的買進形態。

🔼 實戰案例

2016年4月1日，黑牛食品（002387）經過前期的底部震盪之後，13MA突然向上揚起，MACD指標的雙線也上揚，同時成交量放大，表示行情已經啟動，投資者應果斷買進。如圖6-6所示。

💡 實戰要領

（1）短期均線與DIFF線同時向上，是標準的股價啟動形態，但必須配合成交量有效放大。不過，如果量能太大，後市接連上漲後出現短期回檔的可能性就比較大。

（2）這個形態出現時，DEA線通常會向上或是走平略向上揚，但不能向下彎，否則行情難以持久。

（3）如果前期在底部震盪的時間比較長，MACD的雙線長期在低位震盪，均線也不斷上下起伏，往往代表這檔股票是大牛股，投資者應把握好後市行情。

圖6-6　黑牛食品日線圖

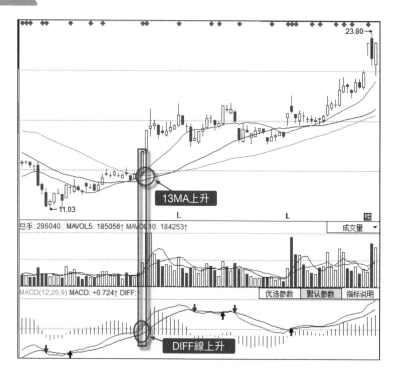

均線多頭排列＋MACD低位黃金交叉

MACD低位黃金交叉是指，MACD指標中的DIFF線向上穿過DEA線，雙線在0軸下方形成黃金交叉。如果和均線多頭排列同時出現，大多表示盤整已經結束，股價即將上漲，是買進形態。

實戰案例

如圖6-7（見下頁）所示，2016年9月8日天原集團（002386）經過前期震盪後，3條均線形成多頭排列，但暫時呈現走平。此時，雖然MACD指標的雙線形成黃金交叉，投資者仍應暫時保留資金，觀察6.53元之後的走勢。

到了9月13日，13MA與34MA向上揚起，3條均線再次形成多頭排列，MACD指標也再次黃金交叉，同時成交量明顯放大，投資者應及時買進。

167

圖6-7　天原集團日線圖

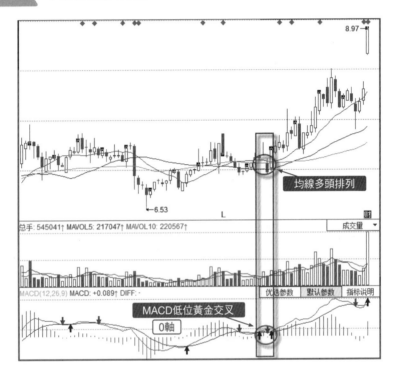

🔆 實戰要領

（1）必須同時滿足均線系統與MACD指標的上漲形態，才是買進的確切訊號，否則股價不一定會持續上漲。

（2）均線系統初步形成多頭排列時，形態可能不標準，但只要MACD指標出現低位黃金交叉，就能保證之後的均線形態不會改變。

（3）該形態出現時，成交量必須明顯放大，否則之後很難持續上漲。

均線空頭排列＋MACD低位黃金交叉

當均線空頭排列和MACD低位黃金交叉同時出現，是均線與指標的底背離現象。這時候最下方的13MA通常是走平，34MA與55MA雖然向下滑，但

圖6-8	南洋科技日線圖

是斜度已趨緩。此形態往往出現在股價從低檔開始轉強的初期，是可在底部進場的買進形態。

↑↑ 實戰案例

　　如圖6-8所示，經過前期大跌和反彈震盪之後，南洋科技（002389）在2015年9月2日創出10.20元的新低，均線系統呈現空頭排列，不過34MA與55MA的下滑坡度已漸緩。

　　到了9月17日，13MA走平，MACD指標在底部震盪後出現黃金交叉。均線空頭排列和MACD低位黃金交叉同時出現，表示股價已見底，投資者應在股價低位止穩時買進。

💡 實戰要領

（1）這個形態出現時，由於股價剛剛止穩，投資者應在隨後成交量持續增加時買進。

（2）這個形態出現時，MACD的雙線會在低位震盪後出現黃金交叉。

（3）這個形態出現後，若在成交量的配合下，13MA與DIFF線同時向上揚，股價通常會快速告別低檔。

6-3 【賣點】除了MACD跌破0軸的均線死亡交叉，還有……

均線多頭排列＋MACD高位死亡交叉

MACD死亡交叉是指，MACD指標的DIFF線向下滑落，在0軸上方穿過DEA線，形成死亡交叉。當這個形態與均線多頭排列同時出現，是均線與指標的頂背離現象，意味著股價由漲轉跌，是賣出形態。

🔼 實戰案例

信邦製藥（002390）在大幅上漲後，從2016年7月11日開始在高位震盪。到了7月21日，均線的多頭排列沒有改變，但是MACD指標的DIFF線向下滑，與DEA線形成死亡交叉。均線多頭排列與MACD高位死亡交叉同時出現，表示股價即將由漲轉跌，應果斷賣出。如圖6-9（見下頁）所示。

💡 實戰要領

（1）這個形態出現前，股價通常經過一波明顯的上漲。

（2）如果在該形態出現時，股價依然上漲或是創出新高，投資者可以繼續持股，直到發現K線出現頭部形態，就應果斷出場，不可戀戰。

MACD跌破0軸＋均線死亡交叉

MACD跌破0軸＋均線死亡交叉是指，MACD指標的雙線從高位一路向下跌破0軸之後，短期均線向下滑落，與中期均線形成死亡交叉。此形態表示趨勢由漲轉跌，是賣出時機。

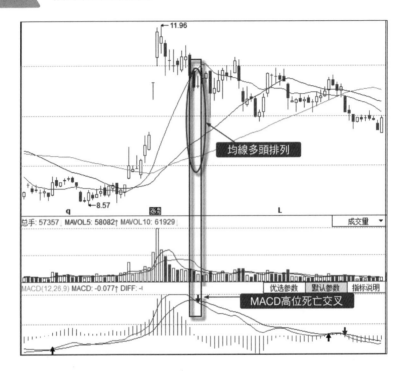

圖6-9　信邦製藥日線圖

實戰案例

　　如圖6-10所示，在前期的大幅上漲之後，2016年7月29日，愛仕達（002403）的13MA轉向下滑，與34MA形成死亡交叉。在此同時，MACD指標的雙線下滑，在7月26日雙雙跌破0軸，然後繼續向下，形成MACD跌破0軸＋均線死亡交叉形態，表示股價徹底由強轉弱，投資者應準備賣出。

實戰要領

　　（1）這個形態出現前，股價通常經過一波明顯的上漲行情。

　　（2）這個形態出現時，DIFF線和DEA線必須是第一次從高位向下跌到0軸附近，否則極有可能是震盪行情。

　　（3）這個形態出現時，股價往往在高檔震盪滯漲，K線形態上出現的第二個頭部，是**趨勢轉跌前的第二賣點**。

圖6-10　愛仕達日線圖

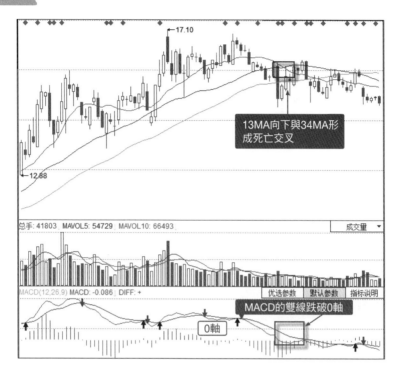

接近55日極限的MACD死亡交叉

投資者依據買進形態進場後，假設股價持續上漲，MACD指標卻出現下滑，形成背離現象，此時投資者可以延長持股時間。背離現象結束後，如果持股時間已接近135均線交易法的55日極限，而且MACD指標與股價同步下滑，DIFF線向下穿過DEA線形成死亡交叉，就應立即賣出持股。

實戰案例

如圖6-11（見下頁）所示，2016年6月27日，廣聯達（002410）在底部震盪後，34MA與55MA走平，13MA向上揚。在成交量明顯放量時，K線上出現一陽穿三線的買進形態，投資者可以選擇進場。

到了7月20日，個股突然出現股價上揚、MACD指標下滑的背離現象，

圖6-11　　廣聯達日線圖

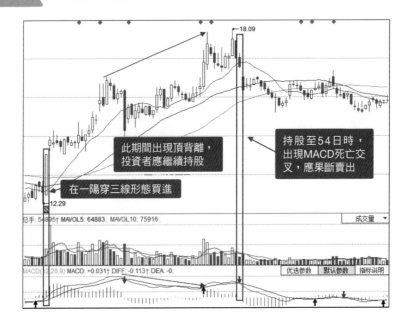

並一直持續到8月29日。背離現象結束後，股價在9月9日創出18.09元新高，然後開始下跌，MACD指標出現死亡交叉。

此時投資者已經持股54天，距離最長持股極限55日只差一天，應該果斷賣出股票。

💡 實戰要領

（1）股價持續不斷上漲時，MACD指標非常容易出現背離現象。在接近55日極限時，一旦背離現象結束，MACD會形成死亡交叉，股價也隨著下跌，代表漲勢已經結束，投資者應立即賣出。

（2）這個形態出現時，持股時間越是接近55日極限，風險就越大，即使股價繼續上漲，投資者也應先行賣出，等到修正結束後再進場。

（3）運用135均線交易法時，要遵守持股55日的極限，若超過這個極限，135均線無法準確呈現行情變化。因此，即使在單向上漲的行情中，投資者也應根據MACD的死亡交叉，先行賣出股票。

6-4 震盪盤整時均線會纏繞，MACD呈現什麼形態？

均線纏繞下的MACD下滑

均線纏繞下的MACD下滑是指，在135均線相互纏繞的情況下，MACD指標的DIFF線和DEA線小幅震盪下滑。這個形態一般代表後市會維持震盪行情，投資者應選擇賣出。

實戰案例

如圖6-12（見下頁）所示，2016年9月8～27日，南方匯通（000920）的3條均線相互纏繞，MACD指標的DIFF線跌破DEA線，然後小幅震盪下滑，且伴隨成交量逐級縮減，形成均線纏繞下的MACD下滑形態。

這表示個股會繼續震盪盤整，儘管股價在K線圖上看似下跌，但是幅度不大。投資者不可輕易在低位買進，如果已經持股，則可以在剛剛出現這種形態時賣出。

實戰要領

（1）這個形態出現時，震盪行情不會改變。

（2）這個形態出現時，MACD指標的雙線只會微幅震盪，即使向下滑落，幅度也不大。

（3）這個形態出現時，整體成交量水準往往偏低，如果連續出現小紅柱，投資者應隨時關注形態，注意趨勢的變化。

圖6-12　南方匯通日線圖

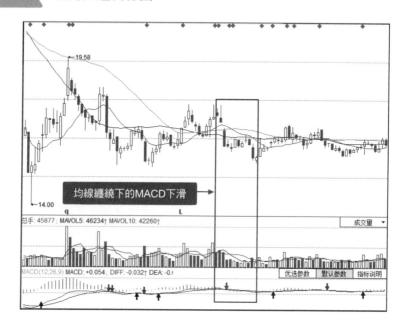

均線纏繞下的MACD上揚

均線纏繞下的MACD上揚是指，在3條均線相互纏繞時，MACD指標的雙線震盪上揚。這個形態也代表震盪行情持續不變，股價不過是震盪走高而已，投資者不可進場，應隨時關注後市的行情演變。

⬆ 實戰案例

如圖6-13所示，2016年8月12～24日，佳電股份（000922）在均線纏繞的情況下，MACD指標的雙線向上揚，紅柱線逐漸放大，形成均線纏繞下的MACD上揚形態。這表示行情在震盪走高，投資者目前還不能參與，要隨時關注變化。

9月29日再次出現這個形態，然後在10月14～17日期間，成交量明顯放大，均線形成多頭排列，DIFF線向上騰高，是買進訊號，投資者應及時把握機會進場。

圖6-13 佳電股份日線圖

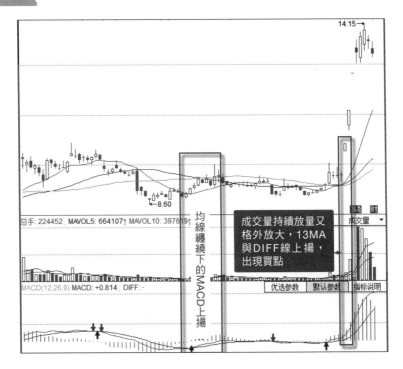

實戰要領

（1）這個形態出現時，股價震盪走高，如果行情延續便引發上漲，尤其是長期窄幅震盪的個股，一旦行情啟動就會快速上漲。

（2）判斷行情是否啟動時，首先要觀察成交量的變化，唯有成交量突破之前的低量，震盪格局才有可能結束。

（3）這個形態出現時，13MA與DIFF線向上騰高，是行情上漲的跡象，此時MACD的紅柱線通常會快速增高。

均線纏繞＋MACD在0軸下方弱勢震盪

若3條均線相互纏繞，同時MACD指標的雙線在0軸下方震盪，這種形態

圖6-14　眾合科技日線圖

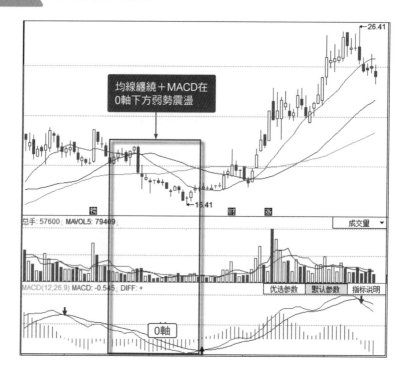

通常代表行情極度弱勢。

實戰案例

2016年7月18日至8月期間，眾合科技（000925）的3條均線一直處於纏繞狀態，而且MACD指標的雙線在0軸下方弱勢震盪。這種形態表示股價正處於弱勢盤整行情，投資者應回避該股，並隨時關注之後的變化，一旦格局有所轉變，就及時買進。如圖6-14所示。

實戰要領

（1）這是弱勢盤整的形態，但股價跌幅往往不大，尤其是在多頭向上趨勢中出現這種形態，股價一旦止穩，通常會出現一波快速上漲行情。因此在該形態出現後，應隨時關注指標的變化。

（2）這個形態若出現在大跌後的震盪行情，MACD指標的雙線會在0軸下方小幅震盪，這往往是股價形成大型底部的預兆。

（3）這個形態出現時，成交量通常極度萎縮，否則後市延續震盪格局的機率比較大。

均線纏繞＋MACD在0軸上方強勢震盪

在3條均線纏繞的同時，如果MACD指標的雙線在0軸上方展開震盪，是非常危險的形態，因為股價上漲後經過強勢震盪，一旦均線無法再度形成多頭排列，後市行情往往變成震盪下跌，投資者應賣出持股。

⇧ 實戰案例

如圖6-15所示，在前期的一波上漲行情之後，2016年5月30日至6月21日，華控賽格（000068）的股價在高位震盪，均線由多頭排列變成纏繞形

> 圖6-15　　華控賽格日線圖

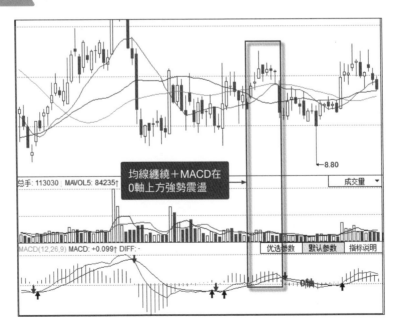

態，MACD指標的雙線在0軸上方強勢震盪。這個形態表示行情在高位震盪，投資者應逢高賣出、暫且觀望。

💡 實戰要領

（1）這個形態出現前，個股往往經過一波明顯的上漲行情。

（2）這個形態經常是主力出貨的象徵，所以大多出現在業績較好、成長穩定的大型股。

（3）這個形態下，如果股價在強勢盤整後走強，必須配合均線重新形成多頭排列，MACD的雙線恢復上揚，成交量也應有所放大。如果MACD的雙線跌破0軸，投資者要立即賣股出場。

第 7 章

利用籌碼分布圖，
看穿主力的操盤策略

7-1 上漲初期籌碼集中在低位區，下跌時又怎麼分布？

　　籌碼分布圖能夠清楚呈現盤中籌碼的分布狀況，再結合135均線系統的變化，更有利於判斷股價行進的趨勢，把握股價啟動上漲時的低位買點，以及籌碼出逃時的高位賣點。學會觀察籌碼形態，買點與賣點自然清晰可見，行情了然於胸。

　　（編按：籌碼分布圖類似比較普遍的分價圖，但是更加靈敏。它將各個價位的成交量畫成橫線，線條的垂直位置代表股價高低，長短代表該價位的成交量多寡，並以顏色區分套牢籌碼與獲利籌碼。各家軟體設計可能不同，一般用藍色表示套牢，紅色則表示獲利。）

上漲行情的籌碼分布與均線

　　當股價處於上漲行情，均線通常呈現13MA在上、34MA居中、55MA在下的多頭排列，籌碼則是密集分布在低位。隨著股價不斷上漲，籌碼會漸漸向上移動。在均線形成多頭排列之初、籌碼密集分布在低位、技術指標向上呈現黃金交叉，以及成交量放大時，投資者應進場買股。

⛰ 實戰案例

　　如圖7-1所示，2016年9月6～8日期間，特發資訊（000070）結束盤整，開始上漲。此時均線形成多頭排列，籌碼集中在低位，下方的紅色籌碼逐漸往上移，MACD指標出現黃金交叉，種種指標皆顯示可以進場。

　　在買進後，籌碼從低位逐漸向上移動散開，表示股價將迎來一波上漲，投資者可以繼續持有。

圖7-1　特發資訊2016年9月7日籌碼分布圖

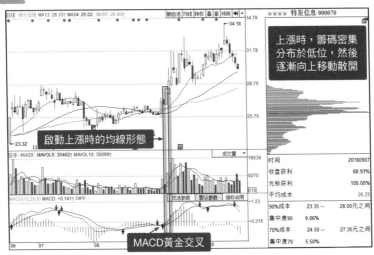

💡 實戰要領

（1）當均線形成多頭排列，籌碼會不斷向上移動並分散。只要均線形態未改變，而且籌碼未到達高位，技術指標也未出現回落，投資者都可以買進，但是要妥善控制持股時間。

（2）買進後，一旦籌碼集中到高位，而且均線向下，就應果斷出場。

下跌行情的籌碼分布與均線

股價在下跌時，13MA通常會先走平然後下滑，34MA與55MA一開始會維持上揚，但等到下跌趨勢確立後，就會轉向下滑。在籌碼分布圖上，籌碼會從高位逐漸向下移動。

⬆ 實戰案例

啟明資訊（002232）從2016年7月27日開始下跌，此時的均線系統先由13MA開始下滑，接著依次是34MA與55MA。在籌碼分布圖上，股價下跌初期的籌碼分布在高位，之後向下移動。如圖7-2（見185頁）所示。

在股價由漲轉跌的初期，最佳賣點出現在籌碼分布圖的上方籌碼顏色轉藍，而且向下蔓延超過移動平均成本線，13MA也明顯反轉向下時。

震盪行情的籌碼分布與均線

在震盪行情中，均線往往相互靠近、纏繞。籌碼分布圖上，籌碼大多分散在中低位，當下方的紅色籌碼向上超出移動平均成本線，股價往往出現震盪高點，而當紅色籌碼退至移動成本線下方，則往往出現震盪低點。

投資者不應在震盪行情中買進。但是，一旦均線變成多頭排列、紅色籌碼向上超出移動平均成本線、技術指標呈現黃金交叉或明顯上揚，再加上成交量放大，便是震盪行情結束時的最佳買進時機。

🔼 實戰案例

如圖7-3所示，在2016年7月下旬至9月下旬，積成電子（002339）的3條均線近距離纏繞，籌碼大多分散在中低位，表示當前為震盪行情，投資者不可參與，應持續觀察。

到了9月28日，均線變成多頭排列，籌碼分布略顯集中，下方的紅色籌碼向上超越移動平均成本線，再加上MACD指標出現黃金交叉，成交量明顯放大。這些都是震盪行情已經結束、股價即將上漲的徵兆，投資者應當及時買進。

💡 實戰要領

（1）在震盪行情中，均線通常會相互靠近，籌碼會分散在中低位。如果籌碼在分布圖上幾乎占據整個區域，而且均線相距較遠，往往代表股價處在下跌行情的後期，震盪的幅度有可能變大。

（2）若是下跌後出現的震盪行情，籌碼往往比較分散，並逐漸向低位聚攏。此時的行情相對較弱，震盪幅度可能較大。

（3）若是上漲後出現的震盪行情，籌碼往往分散在中間區域。

圖7-2　啟明資訊2016年7月27日籌碼分布圖

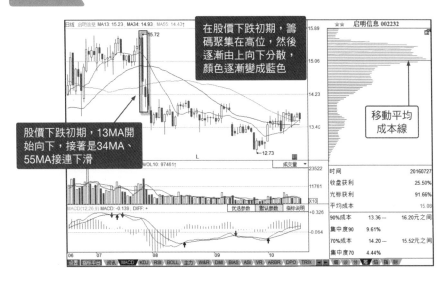

圖7-3　積成電子2016年9月28日籌碼分布圖

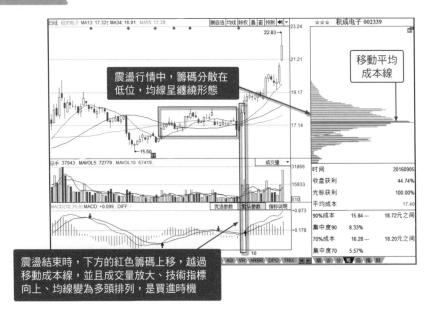

7-2 【買點】當均線與籌碼
形成這4種組合時

上漲趨勢中的均線纏繞與多峰密集

在一波上漲行情後，均線突然靠攏、相互纏繞，表示股價進入上漲趨勢的修正行情。一旦籌碼在回檔的過程中出現多峰密集形態，就代表股價修正結束，投資者應進場買股。

⬆ 實戰案例

如圖7-4所示，在前期上漲後，益盛藥業（002566）的股價出現修正，均線在2016年8月形成纏繞。股價下滑後逐漸止穩，但均線依然相互纏繞，籌碼呈現多峰形態。到了8月22日，籌碼分布變得密集，可是成交量等指標狀態並未改變。

下一個交易日（即8月23日）開盤不久，下方的紅色籌碼向上超越移動平均成本線，且伴隨成交量放大，MACD的雙線呈現黃金交叉並向上揚起，投資者應在當天果斷買進。

💡 實戰要領

（1）上漲趨勢中出現均線纏繞，之後股價往往會深幅回落，但只要籌碼分布圖的低位有大量紅色籌碼，而且不過於分散，就代表主力尚未出貨，投資者可以放心持有。

（2）上漲趨勢中出現均線纏繞，若籌碼不是密集分布在低位，而是上方的藍色籌碼逐漸變多，代表股價還會繼續修正，投資者可以先出場觀望。

（3）在上漲趨勢中出現均線纏繞，且籌碼形成多峰密集之後，當下方

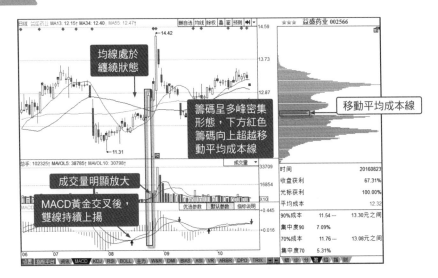

圖7-4　益盛藥業 2016年8月23日籌碼分布圖

的紅色籌碼向上超越移動平均成本線，然後繼續向上移動，且伴隨成交量明顯放大和技術指標上揚時，才是最佳買點。

均線多頭排列下的雙峰上移

在均線系統呈現多頭排列時，如果籌碼分布先由單峰變為雙峰，然後雙峰不斷向上移動，往往表示股價穩定持續上漲，是買進形態。

⇧ 實戰案例

在上漲過程中，嘉應製藥（002198）的籌碼分布在2016年7月11日變成雙峰形態，其後至7月15日期間逐漸向上移動。在此同時，均線系統保持良好的多頭排列形態，表示股價依然處於上漲趨勢，投資者可以買進。如圖7-5（見下頁）所示。

💡 實戰要領

（1）這個形態出現時，籌碼分布由單峰變為雙峰形態，下方的紅色籌

圖7-5 嘉應製藥 2016年7月15日籌碼分布圖

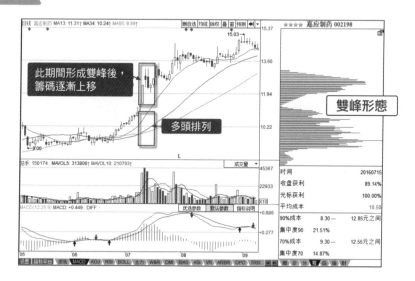

碼通常會向上移動，吞沒藍色籌碼。

（2）這個形態出現後，紅色籌碼必須一直位在移動平均成本線的上方，否則代表股價處在弱勢格局。

均線橫向震盪時的單峰密集

3條均線距離相近，以橫向震盪行進，而且籌碼分布始終呈現單峰密集形態，說明此股的籌碼高度集中，可以期待後市行情，是買進形態。投資者買股時，應以這樣的情況為依據：13MA與MACD的DIFF線同時上揚、成交量放大，且籌碼分布圖的下方紅色籌碼向上超越移動平均成本線。

實戰案例

2016年7月至10月，佳電股份（000922）的3條均線相互靠攏、橫向震盪，而且籌碼始終呈現單峰密集形態，投資者可以關注後市行情。在10月11日，成交量放大，13MA與DIFF線同時上揚、籌碼分布圖的下方紅色籌碼向上超越移動成本平均線，是買進時機。如圖7-6所示。

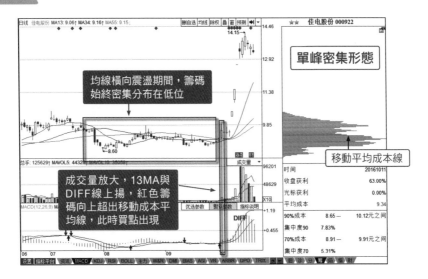

圖7-6　佳電股份 2016年10月11日籌碼分布圖

⚟ 實戰要領

（1）該形態反映出主力在低位建立部位，當股價震盪盤整的時間越久，後市漲幅往往越為可觀，尤其是維持此形態長達半年之久的股票，常常會成為大牛股。

（2）確認該形態時，必須確保籌碼不分散，否則通常是主力在清洗浮額的跡象。

均線多頭排列下的單峰密集

在均線多頭排列的格局下，如果籌碼分布呈現單峰密集形態，通常代表股價小幅上漲後的盤整已經結束，是買進形態。

⚟ 實戰案例

在2016年9月28日的長陽線上漲之後，梅雁吉祥（600868）的均線系統形成多頭排列。股價在相對高位震盪時，籌碼的單峰密集形態沒有改變，只

図7-7　梅雁吉祥 2016年10月18日籌碼分布圖

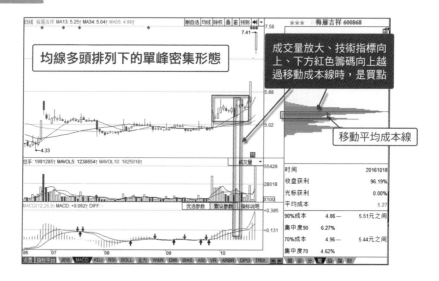

不過比之前稍微向上移動了一點。如圖7-7所示。

這個籌碼形態表示主力在清洗浮額，但因為籌碼過於集中，導致此番操作無法讓價格下跌。投資者應在股價放量上漲、技術指標呈現上揚、下方紅色籌碼向上越過移動平均成本線之後，果斷買進。

💡 實戰要領

（1）有經驗的投資者不會在股價啟動上漲時買進，而是會在均線形成多頭排列（表示趨勢向上），並且籌碼分布形成單峰密集（表示籌碼高度集中）之後再買進。

（2）這個形態往往出現在股價從底部小幅上漲後的相對高位平台，是主力藉著震盪清洗浮額的跡象。但由於此時籌碼高度集中，主力操作的力道不會太大。

（3）這個形態出現時，因為籌碼過於集中，上漲時的成交量通常不會太大，投資者不能單純用成交量來判斷行情。

7-3 【賣點】把握多峰林立且上峰分散，以及2種形態

多峰林立，上峰分散

「多峰林立，上峰分散」是指，籌碼形成2個以上（包括2個）籌碼峰之後，位於上方的籌碼峰出現分散的跡象。這種形態出現時，如果13MA走平後向下滑落，34MA、55MA維持上揚或走平略向上，就表示主力開始出貨，股價將由漲轉跌，投資者應在高位賣出。

⬆ 實戰案例

2016年8月16日，千禾味業（603027）處在高位修正後的上漲走勢中，籌碼出現多峰林立，上峰分散的形態。到了8月19日，籌碼峰在分散的同時，藍色籌碼向下越過移動平均成本線，而且技術指標向下滑落。此時，儘管均線依然上揚，投資者仍應賣出持股。如圖7-8（見193頁）所示。

💡 實戰要領

（1）這個形態出現前，股價通常會經歷一波明顯的上漲行情。

（2）這個形態出現時，一旦發現籌碼向下移動，就要有所警覺。當藍色籌碼向下越過移動平均成本線，股價往往已經無力上漲，是賣出時機。

多峰分散，上峰下移

「多峰分散，上峰下移」是指，在股價上漲的過程中，籌碼分布逐漸形成2個以上（含2個）籌碼峰，然後再分散開來，上方的籌碼峰慢慢向下移

動。一般來說，此時的34MA、55MA仍然上揚，13MA開始走平或向下彎。
這個形態代表主力開始在高位出貨，是頭部的賣出時機。

👆 實戰案例

　　如圖7-9所示，2015年6月8日，沙隆達A（000553）的籌碼分布形成3個
峰的多峰形態。隨著股價不斷上漲，上方籌碼開始變藍並向下散開，使上方
的籌碼峰逐漸下移，形成多峰分散，上峰下移形態。

　　此時，均線系統中的34MA、55MA維持向上，13MA走平，表示主力在
高位出貨，導致上方的藍色套牢籌碼不斷變多。到了6月19日，上峰藍色籌
碼一舉向下越過移動平均成本線，MACD指標出現死亡交叉，投資者應果斷
賣出持股。

💡 實戰要領

　　（1）這個形態出現時，若只從均線系統分析，很難看出股價即將開始
修正，所以要借助籌碼的分散下移來確認。

　　（2）這個形態出現時，技術指標往往會向下滑落，或是出現死亡交
叉，但成交量不一定會明顯放大。

　　（3）這個形態出現時，應等到上峰藍色籌碼向下越過移動平均成本
線，技術指標出現死亡交叉或向下滑落時再賣出。若是在股價修正之初立刻
賣出，會賣得過早，因為此時籌碼的分散程度不夠明顯，無法確定行情已告
終結，可能只是高位的小幅修正。

高位單峰變雙峰

　　高位單峰變雙峰是指，在股價上漲的過程中，籌碼的單峰形態忽然變成
雙峰，而且籌碼向上移到分布圖的高位區域。這往往表示籌碼推動股價上
漲，投資者應在上方的籌碼向下散開時賣出股票。

👆 實戰案例

　　2016年7月7日，大豪科技（603025）的籌碼形態忽然由單峰變為雙峰，

圖7-8　千禾味業 2016年8月16日籌碼分布圖

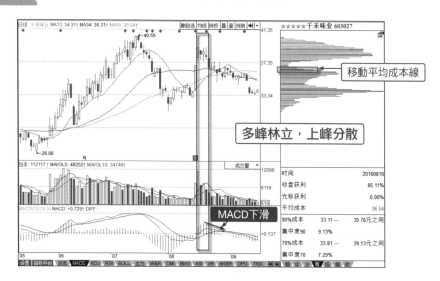

圖7-9　沙隆達A 2015年6月19日籌碼分布圖

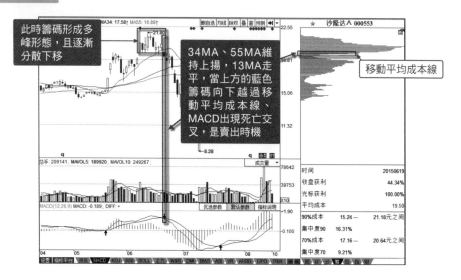

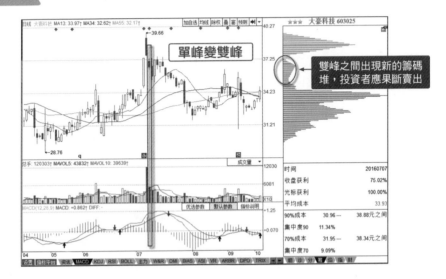

圖7-10　　大豪科技 2016年7月7日籌碼分布圖

而且在2個籌碼峰之間聚集新的籌碼堆。此時，籌碼已經上移到分布圖的高位區，表示上漲行情即將轉變，即便技術指標和均線系統沒有做出任何反應，投資者也應及時賣出股票。如圖7-10所示。

💡 實戰要領

（1）這個形態出現前，股價一定經過一波明顯的上漲。

（2）這個形態出現時，即使雙峰之間沒有出現新的籌碼堆，只要上峰明顯移動到高位區域，就應在籌碼向下分散時選擇賣出。

（3）一旦雙峰之間出現新的籌碼堆，不管未來是否會出現填谷（編按：即上下峰往中間聚集，合併成新的密集籌碼峰），都要賣出持股。

7-4 了解3大經典買賣形態，跟主力過招沒在怕！

1・滿盤盈利

「滿盤盈利」是指，在股價上漲的過程中，籌碼分布圖上的所有籌碼都變成紅色，表示盤中均為獲利籌碼，完全沒有套牢籌碼，股價在盤中沒有任何壓力。

⬆ 實戰案例

在上漲過程中，2016年9月22日，金科股份（000656）的所有籌碼都變成紅色，形成滿盤盈利形態。這說明盤中都是獲利籌碼，已持股者可以放心繼續持有，未持股者可以短線參與，但一定要快進快出。如圖7-11（見下頁）所示。

💡 實戰要領

（1）滿盤盈利形態經常出現在股價上漲的過程中，持股者可放心持有，直到頭部出現為止。

（2）這個形態出現時，未持股者如果選擇參與，一定要快進快出，因為沒有主力會讓所有買進者都獲利。一旦發現籌碼從高位向下散開或移動時，就應果斷賣出。

（3）這個形態出現後，盤中大多沒有套牢籌碼，表示之後的股價上漲完全不會遇到壓力，至於上漲幅度則要根據即時盤中情況做判斷。

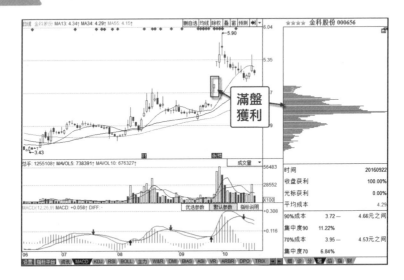

圖7-11 金科股份 2016年9月22日籌碼分布圖

2・滿盤虧損

「滿盤虧損」是指，在股價下跌的過程中，籌碼分布圖的所有籌碼都變成藍色。這表示盤中的所有籌碼都處於虧損狀態，包括未出場的主力資金。這是行情極弱的跡象，一般來說，投資者應採取保留資金的觀望策略，不要盲目進場操作。

實戰案例

2016年9月12日，百利科技（603959）在持續下跌中，籌碼分布圖上的所有籌碼都變成藍色，形成滿盤虧損形態。這表示盤中都是套牢籌碼，行情極度弱勢，投資者不可參與。如圖7-12所示。

實戰要領

（1）滿盤虧損形態是下跌到極限的表現，說明行情疲弱。

（2）這個形態出現時，均線系統往往呈現空頭排列，並向下滑落。

（3）正所謂物極必反，在滿盤虧損出現後，投資者應持續觀察，一旦

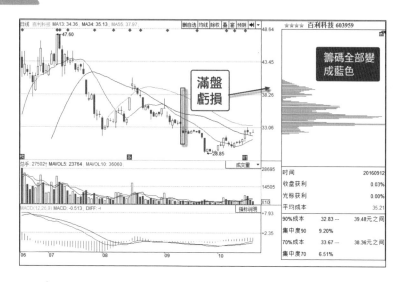

圖7-12	百利科技2016年9月12日籌碼分布圖

發現盤中有短線止穩的跡象，可以搶攻一波超跌反彈行情。

3・雙峰填谷

「雙峰填谷」是震盪行情的經典形態，指的是股價在上漲過程中，籌碼由單峰形態變成雙峰，但之後行情轉為震盪，雙峰之間出現新的籌碼堆。隨著股價持續震盪，雙峰逐漸集中聚攏，最後結合成一個新的籌碼峰。

雙峰填谷形態完成後，不代表行情會即刻啟動，投資者應先賣出持股、暫且觀察，等到行情開始上漲，才能再次進場。

實戰案例

將中航機電（002013）切換至除權前，會發現經過前期上漲後，在2016年7月6日，籌碼分布由單峰演變為雙峰。隨後股價開始在高位震盪，雙峰之間出現新的籌碼堆，而且下方籌碼不斷消失、上方籌碼不斷增加，最後在10月匯集成新的單峰。投資者可以在雙峰逐漸變成單峰的過程中，逢高賣出。如圖7-13（見下頁）所示。

圖7-13　　中航機電籌碼分布圖（除權前）

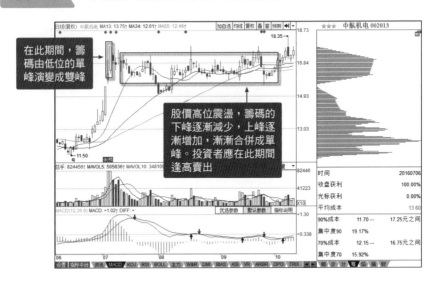

在此期間，籌碼由低位的單峰演變成雙峰

股價高位震盪，籌碼的下峰逐漸減少，上峰逐漸增加，漸漸合併成單峰。投資者應在此期間逢高賣出

實戰要領

（1）雙峰填谷形態出現時，股價大多正處在震盪行情，投資者應採取賣出觀望的策略。

（2）若是在上升行情中出現雙峰填谷，同樣需要暫時觀望，等到行情重新啟動再進場。

（3）若是在下跌行情中出現雙峰填谷，且股價已經見底，在雙峰填谷變為單峰後，往往會演變成低位單峰密集形態。之後，若行情轉為震盪，籌碼峰通常會向上散開，再次變成雙峰。

第 8 章

結合布林通道，
捕捉波段獲利的甜蜜點

8-1 布林通道的上、中、下軌道，具有哪些變化與功能？

布林通道又稱為布林線，經常用來判斷趨勢和波段高低點，再搭配135均線系統，更能大幅提升準確性。

布林通道的構成

布林通道由上軌、中軌及下軌3條線組成，上軌是壓力線，當股價上升到上軌位置，容易受到壓力而回落下跌，此時均線呈現多頭排列。中軌是用來判斷股價走勢的移動平均線，當中軌走平，均線往往呈現纏繞狀態。下軌為支撐線，當股價下跌到下軌位置，容易獲得支撐而反彈上揚，此時均線呈現空頭排列。

介 實戰案例

如圖8-1所示，將騰龍股份（603158）切換為除權前的日線圖，會看到2016年6月27日至7月13日期間，股價處於上漲行情，布林通道的中軌向上揚。股價在突破上軌後遇到壓力，很快就回到該線下方。

到了2016年7月底至9月底期間，股價處於震盪下跌行情，布林通道的中軌向下滑落。其間股價一度跌破下軌，但是獲得支撐後，很快又反彈回到該線上方。

2016年10月上旬，股價處於震盪行情，價格在中軌上下起伏，中軌也平行震盪。隨後，股價轉強突破中軌，繼續向上突破上軌，投資者應趁此時果斷買進。

圖8-1　騰龍股份日線圖（除權前）

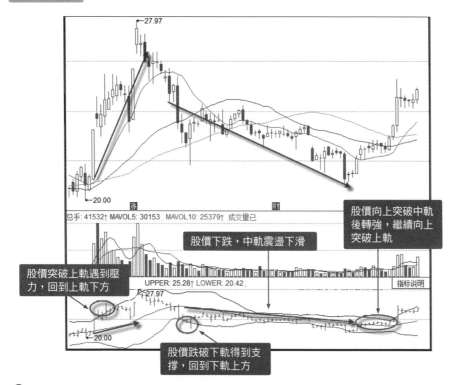

股價向上突破中軌後轉強，繼續向上突破上軌

股價下跌，中軌震盪下滑

股價突破上軌遇到壓力，回到上軌下方

股價跌破下軌得到支撐，回到下軌上方

💡 實戰要領

（1）布林通道的上軌具有壓力作用，當個股強勢上升時，股價往往會沿著上軌逐漸攀升。因此，在股價大幅向上突破上軌後，通常會出現高位賣出點。

（2）布林通道的中軌可以用來判斷趨勢，中軌向上時，股價偏強，此時均線震盪上揚。中軌向下時，股價偏弱，此時均線震盪下滑。中軌走平時，若股價向上突破中軌，均線結束纏繞，就是股價轉強的徵兆，趨勢將轉為多頭。

（3）布林通道的下軌具有支撐作用，當股價跌破下軌時，若中軌走平，則下軌附近是理想的低位買進點。

開口型喇叭口

開口型喇叭口是指，布林通道的上軌上揚、下軌下彎，形成一個類似大喇叭的形狀，往往預告股價即將開始轉強。在具體操作時要注意觀察開口的大小，只有中軌向上，開口逐漸放大，3條均線也向上揚時，才是買進的好時機。

⬆ 實戰案例

2016年6月2～7日，華貿物流（603128）的布林通道中軌逐漸走平後向上升，同時上軌上揚，下軌下彎，形成開口型喇叭口。股價突破中軌後，繼續向上穿越上軌，並沿著上軌上漲。此時13MA已經向上揚起，34MA、55MA走平，且伴隨成交量小幅持續放大，顯示上升趨勢明朗，投資者應及時買進。如圖8-2所示。

圖8-2　華貿物流日線圖

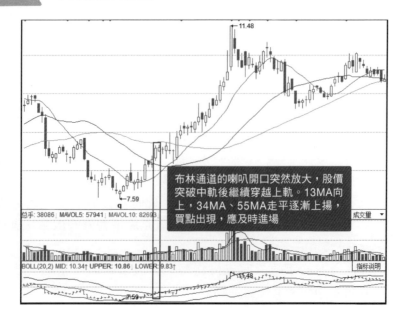

布林通道的喇叭開口突然放大，股價突破中軌後繼續穿越上軌。13MA向上，34MA、55MA走平逐漸上揚，買點出現，應及時進場

💡 實戰要領

（1）根據喇叭開口判斷買點時，開口必須明顯放大。如果開口突然極速放大，之後往往有快速上漲行情。另外，中軌必須上揚，且股價位在中軌的上方。均線至少必須是13MA向上，34MA、55MA走平，最理想的狀態是多頭排列。

（2）如果開口型喇叭口出現時，中軌和13MA都向下滑落，34MA、55MA走平或向下，這時的喇叭開口不能當作買進的條件。

收口型喇叭口

收口型喇叭口是相對開口型而言，當布林通道的上軌與下軌距離越拉越遠，喇叭口無法更進一步放大時，上軌會開始向下彎、下軌則開始上揚，呈現收口的形態。

出現收口型喇叭口時，股價往往在高檔滯漲，13MA向下滑落，34MA、55MA走平或向下。

⬆ 實戰案例

2016年7月7～15日，共進股份（603118）的布林通道喇叭開口在無法繼續放大的情況下，上軌開始下彎、下軌開始上揚，逐漸緊縮形成收口型喇叭口。此時13MA明顯下滑，34MA與55MA雖然還是向上，但上升坡度漸緩，股價在高位震盪滯漲，投資者應果斷賣出持股。如圖8-3（見下頁）所示。

💡 實戰要領

（1）收口型喇叭口出現時，上軌、下軌明顯向中間緊縮，中軌通常已經走平或向下。

（2）收口型喇叭口出現時，13MA往往明顯下滑，股價一般已跌破中軌，布林通道整體是在高位運行。

（3）當收口型喇叭口出現在震盪行情中，若均線呈現纏繞狀態，此時的喇叭收口沒有任何參考意義。

圖8-3　共進股份日線圖

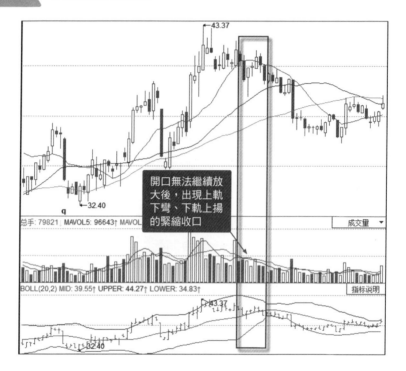

開口無法繼續放
大後，出現上軌
下彎、下軌上揚
的緊縮收口

用中軌判斷趨勢

　　布林通道的中軌是用來判斷趨勢、發現趨勢轉變的重要工具。當中軌明顯上揚，均線往往是多頭排列，股價將會上漲，投資者可以在中軌由走平轉向上揚時買進。當中軌由上揚轉為走平，然後向下彎，均線往往是空頭排列，投資者應在走向轉變的初期賣出。

⤊ 實戰案例

　　如圖8-4所示，2016年5月31日至7月8日，莎普愛思（603168）的布林通道中軌開始一路上揚，均線形成多頭排列，股價處於上漲趨勢。之後在2016年7月中旬，中軌上揚趨緩，轉成走平，均線也逐漸走平，股價處於高位滯漲的震盪趨勢。2016年7月底以後，中軌徹底轉向下彎，均線形成空頭排

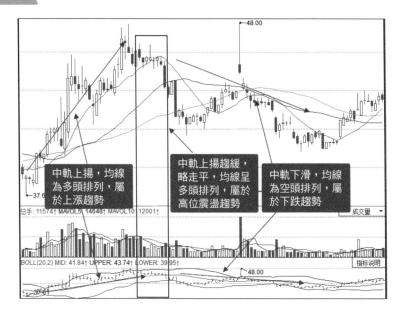

圖8-4　莎普愛思日線圖

列，股價處於震盪向下的趨勢。

　　投資者應根據布林通道的中軌，結合均線、K線形態等指標的變化，選擇在中軌從低位上揚的起點買進，並在中軌上揚趨緩、逐漸走平之際賣出。如果中軌出現下滑，則要採取保留資金的觀望策略。

💡 實戰要領

　　（1）布林通道的中軌通常會與均線系統同步，在趨勢研判上很準確，投資者即使是根據其他技術指標來指引操作，也可以觀察布林通道的中軌判斷趨勢方向。

　　（2）中軌在低位走平時，布林通道通常會極度緊縮，形成極窄的通道平行震盪。此時為低位震盪行情，均線大多呈現纏繞狀態。

　　（3）中軌只對趨勢判斷有幫助，若要用趨勢捕捉買賣點，應結合喇叭開口或收口的變化，以及其他技術指標。

8-2 用布林通道的中軌加上 34日均線，透視漲跌的秘密

中軌與34MA

　　如果布林通道中軌的走向不明確，可以結合中期的34MA觀察趨勢方向。比如說，當中軌走平又略向上揚，方向不夠明顯，此時若34MA也是走平略上揚，通常代表股價趨勢會向上。同理，當中軌走平震盪又略向下彎，若34MA也下彎，股價趨勢通常會下跌。

⇑ 實戰案例

　　如圖8-5所示，2016年6月6～27日，渤海輪渡（603167）的布林通道中軌雖然震盪向上，但並不明顯，此時再觀察34MA，發現它明顯震盪向上。這表示股價徹底由弱轉強，形成上漲趨勢，投資者可以買進。

　　到了7月底至8月中旬，布林通道中軌走平，但是34MA維持上揚，表示股價只是暫時修正，趨勢並未真正轉變，可以繼續持有。

⚲ 實戰要領

　　（1）當布林通道中軌的行進趨勢不夠明朗，34MA的走勢就成為重要參考，2個指標相輔相成。

　　（2）唯有布林通道中軌與34MA的行進方向同步轉變時，才是趨勢轉向、買賣點出現的訊號。

　　（3）34MA與中軌通常只呈現趨勢方向，在判斷買賣點時，投資者應結合喇叭開口與收口，以及其他指標形態來確定。

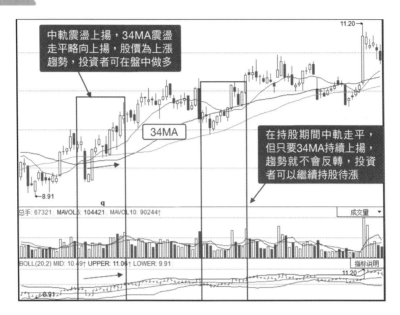

圖8-5　渤海輪渡日線圖

> 中軌震盪上揚，34MA震盪走平略向上揚，股價為上漲趨勢，投資者可在盤中做多

34MA

> 在持股期間中軌走平，但只要34MA持續上揚，趨勢就不會反轉，投資者可以繼續持股待漲

總手: 67321 MAVOL5: 104421 MAVOL10: 90244↑

成交量 ▼

BOLL(20,2) MID: 10.49↑ UPPER: 11.06↑ LOWER: 9.91

指標說明

開口型喇叭口與13MA

如果布林通道的喇叭開口突然放大，同時13MA反轉上揚，往往意味著趨勢會突然由弱轉強。再結合中軌和34MA的走向轉變，能準確判斷股價趨勢的由弱轉強，進而找出買點。

實戰案例

2016年9月6～7日，蘭石重裝（603169）的布林通道在極度緊縮的情況下，喇叭開口突然急遽放大，同時伴隨成交量放量，13MA也在走平後轉向上揚。此時再觀察34MA和布林通道中軌，會發現二者皆在走平後向上揚起，可研判股價已經由弱變強，買點即將出現。如圖8-6（見下頁）所示。

實戰要領

（1）布林通道的喇叭開口突然放大與13MA向上騰高，是趨勢由弱轉強

圖8-6　蘭石重裝日線圖

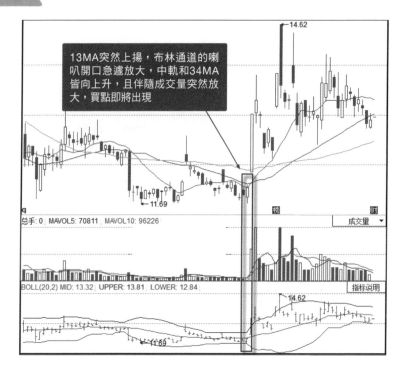

的特徵，但若要股價短期強勢上漲，喇叭開口放大的程度要很明顯，且必須伴隨較大的成交量。

（2）如果成交量出現縮減，趨勢雖然轉強，但依然偏弱，投資者應先觀望再決定是否買進。

收口型喇叭口與13MA

布林通道出現收口型喇叭口，往往代表行情趨勢轉弱，再結合13MA轉向下滑，就能找出賣點。

⬆ 實戰案例

經過前期上漲之後，亞邦股份（603188）的股價在高位震盪。2016年8

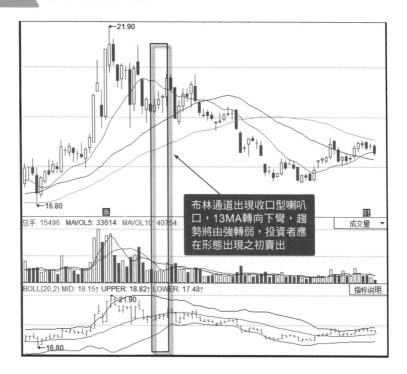

圖8-7　亞邦股份日線圖

布林通道出現收口型喇叭口，13MA轉向下彎，趨勢將由強轉弱，投資者應在形態出現之初賣出

月4～10日期間，布林通道出現明顯的收口型喇叭口，而且13MA明顯下滑，表示股價即將由強轉弱，投資者應在此形態出現的初期果斷賣出。如圖8-7所示。

💡 實戰要領

（1）收口型喇叭口只有在喇叭開口無法再繼續放大，而且13MA向下滑落時，才是趨勢轉弱的訊號。賣點會出現在一波上漲後的高檔。

（2）在震盪行情中，當布林通道平行震盪，並緊縮到極度狹窄的狀態時，收口型喇叭口和13MA下滑的特徵不再具有參考意義，因為此時的均線系統會互相纏繞，股價只是小幅波動。

（3）收口型喇叭口出現時，中軌大多依然向上，34MA與55MA也向上或走平，股價經常會在中軌上下震盪。

8-3 【買點】尋找均線空頭且兩次跌破下軌，還有……

均線空頭時，股價二度跌破下軌

均線空頭時股價二度跌破下軌，是指在135均線空頭排列的格局下，股價向下跌破布林通道的下軌之後，很快又回到該線上方，但隨後再次跌破下軌。這種情況往往代表行情極弱，但因為下軌具有支撐作用，投資者可以逢低買進，等待後市起漲。

實戰案例

在均線空頭排列的格局下，維力醫療（603309）的股價在2016年6月3日跌破布林通道下軌，然後回到下軌上方。6月24日，股價再次跌破下軌。此形態代表股價完成二次探底，趨勢即將轉強。在股價第二次跌破下軌的時候，是買進良機。如圖8-8所示。

實戰要領

（1）該形態是行情極弱的表現，但是股價第二次跌破下軌時，往往會形成K線形態上的W底。第二次跌破下軌，也就是股價二次探底之後，穩健型投資者應在股價再次回到下軌上方時買進。

（2）股價第二次跌破下軌時，如果向下突破第一次跌破的低點（即第一個底），投資者應在股價止穩回到下軌上方之後再買進。

圖8-8　維力醫療日線圖

均線纏繞時，股價突破中軌

　　均線纏繞時股價突破中軌，是指在135均線相互纏繞時，股價向上突破布林通道中軌。這往往代表行情震盪走強，但由於均線處於纏繞狀態，而且布林通道大多是在低位小幅震盪，投資者應在均線變成多頭排列，布林通道的喇叭開口突然放大時，再決定買進。

⬆ 實戰案例

　　2016年5月5日至8月4日，恒通股份（603223）的均線系統一直相互纏繞，股價卻在5月31日、6月15日、8月8日3次向上突破布林通道的中軌。此時布林通道一直緊縮在低位，喇叭開口與收口都很小，投資者應採取繼續觀望的策略。

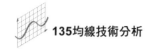

8月8日股價突破中軌後，8月16日喇叭開口突然放大，13MA先後向上突破34MA與55MA，形成均線的黃金交叉。此時34MA與55MA也向上揚起，呈現多頭排列的格局，投資者可以進場買股。如圖8-9所示。

💡 實戰要領

（1）均線纏繞時股價突破中軌，只能代表股價處於震盪行情。當震盪造成均線格局改變，形成多頭排列，而且布林通道出現明顯的開口型喇叭口，才是最佳的買進時機。

（2）這個形態出現後，如果布林通道放大並在高位運行，一旦中軌轉向下滑，或是均線變為空頭排列，往往表示股價在盤整之後趨勢轉弱，投資者不應買進。

（3）這個形態出現後，如果布林通道出現收口型喇叭口，使通道再度緊縮變窄，往往表示盤整尚未結束，只不過盤中振幅變小。之後，一旦出現開口型喇叭口，常常是大牛股起漲的徵兆。

均線多頭時，股價跌破中軌後回升

均線多頭時股價跌破中軌後回升，是指當135均線處於多頭排列格局，股價向下跌破布林通道中軌，代表上漲行情即將進入修正。當股價經過盤整後再次向上突破中軌，通常是修正結束的訊號，也是買進時機。

⬆ 實戰案例

2016年5月10～11日和5月26～31日，柳州醫藥（603368）的均線處於多頭排列格局，股價2次向下跌破布林通道中軌，然後快速回到該線上方。這代表股價在上漲過程中出現2次小幅短期修正，後來2次股價回到中軌上方時，都是修正結束的買進時機。如圖8-10所示。

💡 實戰要領

（1）只要均線的多頭排列未改變，股價每次向下跌破布林通道中軌，再向上突破時，都是修正結束後的最佳買點。

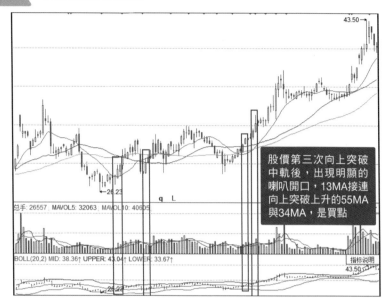

圖8-9　恒通股份日線圖

股價第三次向上突破
中軌後，出現明顯的
喇叭開口，13MA接連
向上突破上升的55MA
與34MA，是買點

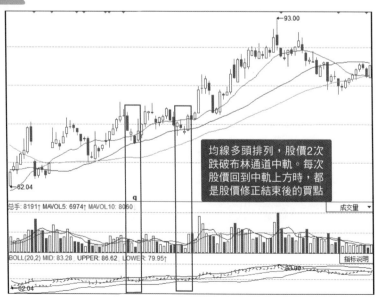

圖8-10　柳州醫藥日線圖

均線多頭排列，股價2次
跌破布林通道中軌。每次
股價回到中軌上方時，都
是股價修正結束後的買點

（2）很多一邊上漲、一邊小幅修正的成長股，都會出現這種均線多頭時，股價跌破中軌後回升的形態。

（3）當股價在均線多頭時跌破中軌，如果後續股價走弱、修正幅度加大，均線的多頭排列會被破壞，布林通道中軌的上行趨勢也會減緩。

（4）當股價在均線多頭時跌破中軌，布林通道往往會出現緊縮。

8-4 【賣點】喇叭口急劇放大後突破上軌，和3種形態

均線多頭時，股價突破上軌

均線多頭時股價突破上軌，是指當3條均線呈現多頭排列，股價向上突破布林通道上軌。出現這種形態時，股價往往會受到上軌的壓力作用，出現短線修正。

如果要判斷股價是不是已經走到高點，必須觀察此時的漲幅。漲幅較大時，要繼續觀察布林通道指標，一旦發現股價沒有沿著上軌繼續上漲，而是滑落到上軌的下方，就應果斷賣出。

⬆ 實戰案例

如圖8-11（見下頁）所示，2016年7月4～6日，航太工程（603698）在均線多頭排列的格局下，股價向上突破布林通道上軌，然後繼續上漲。但是，此時股價才剛離開底部不久，漲幅有限，因此不必急於賣出。

隨後，股價在7月22日與25日創出36.26元的新高，並再次向上突破布林通道上軌，然後在下一個交易日（即7月26日），又回落到上軌的下方。這表示股價漲勢疲弱，投資者應及時賣股出場。

💡 實戰要領

（1）在均線多頭排列之下，股價加速上漲時，經常向上突破布林通道上軌，但如果漲幅不大，也可能回落到該線下方，此時股價經常還在小幅上漲，不是賣出的時機。

（2）個股累積較大漲幅之後，再向上突破上軌並回落，此時股價經常

圖8-11　　航太工程日線圖

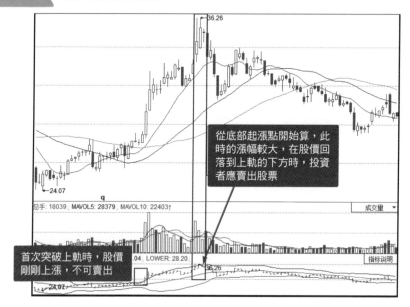

處於滯漲或下跌，是賣出時機。

（3）慢牛股在上漲時，股價往往在向上突破上軌後，沿著上軌小幅上升，此時不可賣出（編按：「慢牛股」指的是價格長期穩健上漲的股票，雖然漲幅較少，但震盪也較小，比較少有大漲大跌的情形）。

喇叭口急遽放大後，股價突破上軌

喇叭口急遽放大後股價突破上軌，是指當布林通道的上軌格外上揚，股價大幅向上穿越上軌。隨後，一旦股價回落並下跌，就要果斷賣出。

👆 實戰案例

2016年10月12日，紐威股份（603699）的均線呈現多頭排列，布林通道的喇叭口急遽放大，股價一舉向上突破中軌和上軌，並在上軌的上方行進。但很快地，股價在10月17日下跌，回落到上軌的下方。這表示股價突然大幅上漲後，趨勢轉向下跌，投資者應果斷賣股出場。如圖8-12所示。

圖8-12　　紐威股份日線圖

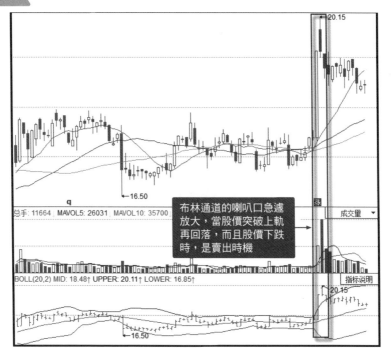

布林通道的喇叭口急遽放大，當股價突破上軌再回落，而且股價下跌時，是賣出時機

實戰要領

（1）布林通道的喇叭口急遽放大，一般來說是股價快速上漲的訊號，此時若股價突然向上突破上軌，接著快速回落，往往代表快速上漲行情結束，是強烈的短線賣出形態。

（2）股價向上突破上軌並回落之後，若股價沒有下跌，反而小幅上漲，就表示上漲行情尚未結束。

（3）布林通道的喇叭口急遽放大時，若能伴隨成交量持續放大，股價往往不會在突破上軌後迅速回落。

均線空頭時，股價突破上軌

均線空頭時股價突破上軌，是指在均線空頭排列的格局中，股價突破布

圖8-13　盛洋科技日線圖

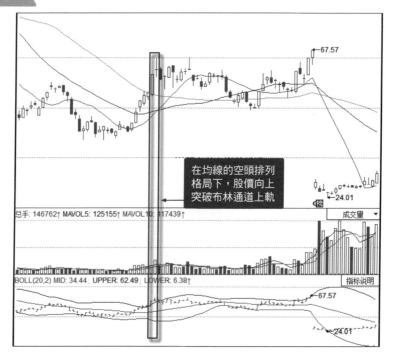

> 在均線的空頭排列格局下，股價向上突破布林通道上軌

總手: 146762↑ MAVOL5: 125155↑ MAVOL10: 117439↑

成交量 ▼

BOLL(20,2) MID: 34.44 | UPPER: 62.49 | LOWER: 6.38↑

指标说明

林通道中軌後，繼續向上突破上軌。這種形態代表反彈行情到達高點，投資者應在股價回落到上軌的下方時，及時賣股出場。

⬆️ 實戰案例

2016年3月24～25日，盛洋科技（603703）在均線空頭排列的格局下，股價突然向上穿越布林通道中軌，然後再一舉突破上軌。這說明此時的行情是弱勢下跌過程中的反彈，股價向上突破上軌時，是反彈高點出現、反彈行情即將結束的徵兆。如圖8-13所示。

💡 實戰要領

在判斷股價是否向上或向下突破布林通道的軌道時，應該以收盤價為準。舉例來說，若收盤價不是收在上軌的上方，股價只是在盤中一度向上越

過上軌，就不能算是真正的向上突破。

喇叭口逐漸縮小後，再次突破上軌

　　喇叭口逐漸縮小後再次突破上軌，是指布林通道的喇叭口逐漸縮小後，股價向上突破上軌，隨即回落到該線下方，然後再次向上穿越上軌。這種形態往往代表股價到達反彈行情的高點。

⬆ 實戰案例

　　如圖8-14所示，2016年2月初，龍韻股份（603729）的布林通道喇叭口出現極度收縮，股價在4月6日向上突破上軌，隨即回落到該線下方。4月11日，股價再次向上越過上軌，表示股價的反彈行情結束。投資者應在股價再次回落之前，及時賣出股票。

圖8-14　龍韻股份日線圖

💡 實戰要領

（1）這個形態往往暗示反彈行情結束，是賣出形態。

（2）這個形態出現時，均線系統的下滑坡度漸緩，但並非股價趨勢轉變的徵兆，投資者不可貿然參與行情。

（3）這個形態出現時，布林通道通常在低位呈現喇叭口極度收縮的平行震盪。

第 9 章

用均線背離
判斷股價高低點，
命中率100%

9-1 股價與均線的走勢唱反調，預告趨勢必然反轉

　　想要精準判斷買賣點，背離技術一向是投資者必學的項目，但要真正做到高準確率卻不容易。如果借助135均線系統一起研判，要解讀背離形態會更加容易。

什麼是135均線背離？

　　一般情況下，股價與均線的趨勢走向是相同的，若股價上漲（或下跌），135均線卻出現相反的下滑（或上揚）走勢，就形成135均線背離，預告行情趨勢將要反轉。

⬆ 實戰案例

　　2016年4月13～18日，即圖9-1的A區域，隆鑫通用（603766）的股價下跌，3條均線卻向上揚起，形成背離，之後趨勢由漲轉跌。到了5月12～17日，即圖中的B區域，股價上漲，13MA與34MA卻向下滑落，55MA走平，同樣形成背離，之後趨勢由跌轉漲。5月19～23日，再次出現均線向下、股價向上的背離，之後趨勢反轉向上。

💡 實戰要領

　　（1）均線背離是股價與均線走勢相反的形態，背離結束後，趨勢必然會反轉，因此可當作買賣操作的參考依據。

　　（2）出現股價向上、均線向下的背離之後，如果股價與均線的走勢同時上揚，投資者應買進股票，如果兩者同時下滑，則應賣出持股。

圖9-1　　　隆鑫通用日線圖

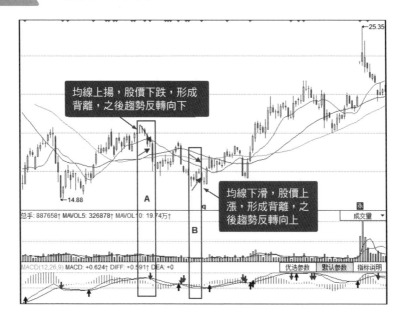

（3）出現股價向下、均線向上的背離之後，如果股價與均線的走勢同步下滑，投資者應賣出股票，如果同步上揚，則應繼續觀望。

用135均線背離判斷趨勢轉變

在判斷趨勢時，均線背離有重要的參考價值，可以說是無背離不轉勢。趨勢即將出現反轉時，135均線背離有2種情況：一種是股價上漲、135均線下滑、技術指標向上揚起，行情趨勢往往會由弱轉強，可以買進股票；另一種是股價下跌、135均線上揚、技術指標向下滑落，行情趨勢通常會由強轉弱，應該賣出股票。

⬆ 實戰案例

2016年3月11～17日，寧波高發（603788）的股價上揚，均線卻向下滑落，形成均線背離，同時MACD指標出現黃金交叉，DIFF線明顯向上揚起。

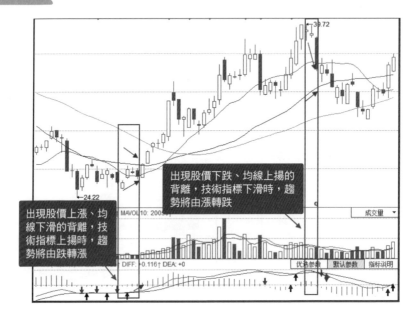

圖9-2　寧波高發日線圖

出現股價上漲、均線下滑的背離，技術指標上揚時，趨勢將由跌轉漲

出現股價下跌、均線上揚的背離，技術指標下滑時，趨勢將由漲轉跌

這表示股價告別低位震盪，趨勢即將反轉向上，是買進形態。如圖9-2所示。

　　到了2016年5月4～6日，股價在創出新高39.72元之後開始下跌，均線卻依然向上，形成均線背離，同時MACD的雙線向下滑落，出現死亡交叉。這表示股價走勢即將下跌，是賣出形態。

實戰要領

　　（1）出現135均線背離時，應結合技術指標的形態判斷趨勢反轉。

　　（2）若在股價出現較大漲幅、正處於高檔時發生背離，往往代表趨勢即將由漲轉跌。

　　（3）若在股價經歷較大跌幅、正處於低檔時發生背離，往往代表趨勢即將由跌轉漲。

9-2 看到均線頂背離或底背離，買賣前還要參考技術指標

均線頂背離

　　均線頂背離是指，股價從高檔下跌，135均線卻依然上揚，通常表示趨勢即將由漲轉跌，是股價見頂的賣出訊號。出現均線頂背離之後，若要判斷行情是否走到後期，應結合技術指標進行評估。當技術指標與股價趨勢同時向下，才可以選擇賣出。

⇧ 實戰案例

　　2016年7月7～11日，康普頓（603798）的股價在創出新高後，開始持續下跌，135均線卻依然上揚，形成均線頂背離。此時，MACD指標的DIFF線明顯向下滑落，與DEA線形成死亡交叉。這表示股價即將由漲轉跌，是賣出訊號。如圖9-3（見下頁）所示。

💡 實戰要領

　　（1）出現均線頂背離之前，股價往往經過一定的漲幅。上漲的幅度越大，均線頂背離的賣出訊號就越強烈。

　　（2）均線頂背離出現時，唯有技術指標也呈現弱勢向下，才能確認趨勢即將逆轉。如果技術指標依然強勁上揚，股價往往只是短期修正，隨後還會上漲。

　　（3）均線頂背離出現時，如果K線收出長陰線，伴隨成交量出現格外放大的綠柱，往往是趨勢快速轉變的徵兆，投資者應果斷出場。

圖9-3　康普頓日線圖

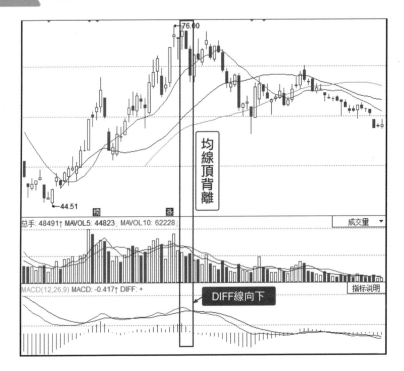

均線底背離

　　均線底背離是指，股價經過長時間和大幅度的下跌之後，從低檔持續上揚，135均線卻依然向下彎。這通常代表股價已經見底，是趨勢由弱轉強的買進訊號。出現均線底背離之後，也要結合技術指標判斷趨勢變化，當技術指標反轉上揚，才是趨勢轉變的徵兆。

⇧ 實戰案例

　　如圖9-4所示，在前期大幅下跌和震盪之後，*ST皇台（000995）的股價在2016年7月20～27日創出11.41元的新低，然後繼續上漲，均線系統卻向下滑落，形成均線底背離。此時，MACD指標在前期形成黃金交叉，然後一路上揚，DIFF線明顯向上騰高。這表示股價即將反轉向上，趨勢由弱轉強，投

圖9-4　*ST皇台日線圖

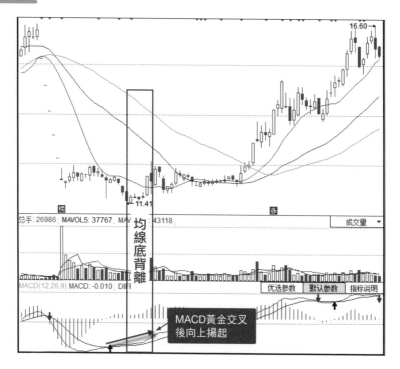

資者可以及時買進。

💡 實戰要領

（1）均線底背離出現時，股價往往經過較大幅度的下跌。

（2）均線底背離不一定代表股價見底，一般來說，要先出現好幾次均線底背離，趨勢才會發生反轉。因此，在判斷趨勢時，還要結合其他技術指標。唯有股價上漲，其他技術指標也向上行進時，才可以買進。

9-3 均線也會與成交量、技術指標，產生背離現象

均線與股價背離

　　均線與股價背離是最明顯的背離現象，也就是股價上漲（下跌）時，135均線系統出現下滑（上揚）的相反走勢。如果再加上技術指標與股價同步，就會發生趨勢反轉，因此是判斷趨勢轉向的有效指標。

⬆ 實戰案例

　　如圖9-5所示，2016年5月24～26日，西山煤電（000983）的股價在創新低之後向上升起，均線卻向下滑落，形成均線與股價的背離。同時，MACD出現黃金交叉並且雙線上揚，表示趨勢即將由弱轉強、反轉向上，投資者可以買進。

　　之後在2016年8月16～19日，股價下跌但是均線向上，MACD指標下滑並出現死亡交叉，表示趨勢即將由強轉弱、反轉向下，投資者可以賣出。

💡 實戰要領

　　（1）假若之前經過長期下跌，股價位於低檔，通常會是股價向上、均線向下的底背離。如果技術指標也明顯向上，可判斷為買進時機。

　　（2）出現均線與股價背離時，如果股價位於上漲後的高檔，而且技術指標向下滑落，代表趨勢很可能反轉向下。

　　（3）技術指標是判斷趨勢轉向的重要參考，出現均線與股價背離後，唯有技術指標與股價的走勢同步，才是趨勢反轉的徵兆。

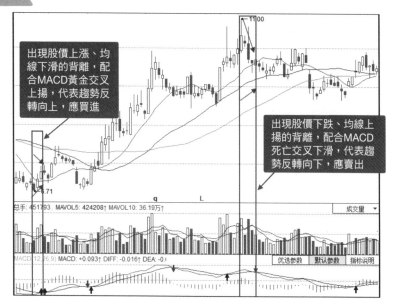

圖9-5　西山煤電日線圖

均線與技術指標背離是指，135均線系統上揚（下滑）時，技術指標出現與其相反的下降（上升）走勢。均線是根據股價的運行週期設定，所以這是技術指標與均線、股價的雙重背離，在判斷趨勢上相當有參考價值。

均線向上、技術指標向下的背離，往往是股價由漲轉跌的徵兆，是賣出形態。均線向下、技術指標向上的背離，往往是股價由跌轉漲的預兆，是買進形態。

實戰案例

如圖9-6（見下頁）所示，2015年9月15～21日，金馬股份（000980）的均線系統呈現向下的空頭排列，技術指標中的MACD卻出現上揚的黃金交叉，表示趨勢即將由跌轉漲，投資者可以買進。

經過長時間的停牌（即暫停交易）後，2016年6月16～24日，個股的均線系統呈現向上的多頭排列，MACD指標卻下滑形成死亡交叉。這表示趨勢

圖9-6　　金馬股份日線圖

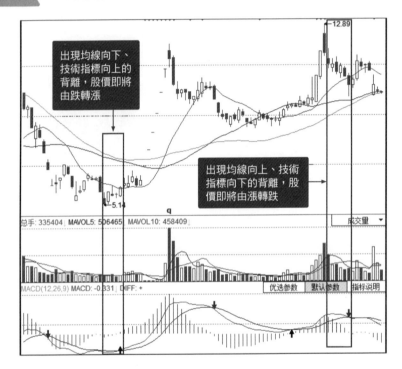

即將由漲轉跌，投資者可以賣出。

💡 實戰要領

（1）如果出現在長期下跌的低檔，一般會是均線向下、技術指標向上的底背離，說明趨勢即將反轉向上，是買進形態。

（2）如果股價先前經過一定幅度的上漲，一般會是均線向上、技術指標向下的頂背離，預告趨勢即將反轉向下，是賣出形態。

（3）投資者應根據之前的股價走勢，先區分出頂背離和底背離，才能確定未來的趨勢將如何反轉。

圖9-7　　桂林旅遊日線圖

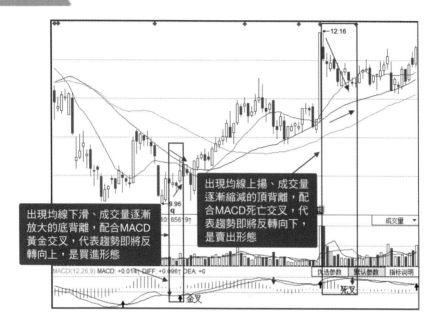

出現均線下滑、成交量逐漸放大的底背離，配合MACD黃金交叉，代表趨勢即將反轉向上，是買進形態

出現均線上揚、成交量逐漸縮減的頂背離，配合MACD死亡交叉，代表趨勢即將反轉向下，是賣出形態

均線與成交量背離

　　均線與成交量背離是指，在135均線系統下滑（上揚）時，成交量逐級放量（大幅縮量）。

　　這種背離有2個情況。一種是股價下跌後，均線向下、成交量穩步增加，是底背離，若加上技術指標上揚，表示趨勢即將反轉向上，是買進形態。另一種是股價上漲後，均線向上、成交量大幅縮減，是頂背離，若加上技術指標下滑，表示趨勢即將反轉向下，是賣出形態。

實戰案例

　　如圖9-7所示，在前期縮量下跌之後，桂林旅遊（000978）在6月15～27日期間，成交量逐步增加，均線系統卻處於空頭排列格局，形成均線與成交量的底背離。此時，MACD指標出現黃金交叉的上揚走勢，表示股價將要離開低位，趨勢即將反轉向上，投資者可以進場買股。

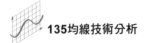

　　股價上漲至8月16～26日，均線維持多頭排列，成交量卻逐級大幅縮減，形成均線與成交量的頂背離。此時，MACD指標向下形成死亡交叉，表示股價即將見頂反轉，投資者可以賣股出場。

💡 實戰要領

　　（1）出現均線與成交量背離時，唯有技術指標和股價的走勢同步，才代表趨勢即將反轉。

　　（2）投資者應先確認當前股價位置的高低，才能準確判斷趨勢反轉的方向。

9-4 如何用均線底背離找買點，均線頂背離抓賣點？

利用均線底背離捕捉買點

底背離通常是股價見底的訊號，也就是股價在長期下跌後，均線與股價、成交量或技術指標出現相反的走勢。一般來說，下跌趨勢中的每一次反彈都會出現底背離，投資者在判斷趨勢是否反轉時，應根據技術指標的黃金交叉或明顯上揚等訊號，捕捉買進時機。

⬆ 實戰案例

經歷前期持續下跌之後，銀泰資源（000975）的股價在2016年1月29日至2月3日持續上漲，3條均線卻繼續下滑，形成均線底背離，此時MACD指標出現黃金交叉，如圖9-8（見下頁）的A區域所示。

2016年2月4日，C區域的成交量放大，MACD指標的雙線上揚，B區域的股價向上突破13MA，而且13MA走平略向上揚，是最好的買進時機。

💡 實戰要領

（1）根據均線底背離選擇買點時，必須確認技術指標發出上漲訊號，MACD指標的DIFF線要明顯向上騰高。

（2）根據均線底背離選擇買點時，必須確認成交量明顯放大，13MA的下滑坡度漸緩（表現為走平或轉向上揚），而且股價向上突破 13MA。

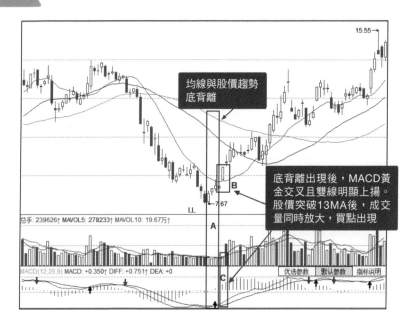

圖9-8　　銀泰資源日線圖

利用均線頂背離捕捉賣點

均線頂背離是在一定的漲幅之後，均線向上多頭排列，股價卻處於下跌或高位滯漲行情，此時，如果技術指標也向下滑落，將會出現賣點。投資者應在確認均線頂背離，並發現股價帶量跌破13MA時，再選擇賣出。

⬆ 實戰案例

經歷前期明顯上漲之後，2016年10月13～14日，高升控股（000971）的3條均線向上多頭排列，股價卻明顯下跌，MACD也呈現下滑走勢，形成均線頂背離。這表示趨勢即將由漲轉跌，投資者應在均線頂背離出現的次日（即10月17日），趁股價持續帶量下跌並跌破13MA時，果斷賣股出場。如圖9-9所示。

圖9-9　高升控股日線圖

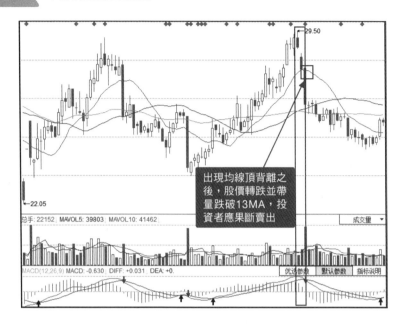

29.50

←22.05

出現均線頂背離之後，股價轉跌並帶量跌破13MA，投資者應果斷賣出

總手: 22152　MAVOL5: 39803　MAVOL10: 41462

成交量 ▼

MACD(12,26,9) MACD: -0.630　DIFF: +0.031　DEA: +0.

优选参数　默认参数　指标说明

💡 實戰要領

（1）出現均線頂背離之前，股價一定經過明顯的上漲行情。

（2）出現均線頂背離之後，投資者應在股價向下跌破13MA，13MA走平或下滑時賣出持股。尤其是當股價帶量跌破13MA，往往是快速下跌的徵兆，更應該迅速出場。

修正性背離的操作策略

股價修正是指，在上漲或下跌的主要趨勢中，股價短暫出現相反的行進方向，這通常是主要趨勢的暫時性折返，隨後股價會回到原方向繼續行進。

修正性背離有2種情況，一種是在上漲趨勢中，股價或技術指標向下滑落，34MA和55MA保持上揚，13MA卻與股價、技術指標一同下滑。此時投資者應持股不動，如果34MA也開始向下，則要暫時先賣出，等待修正結束

圖9-10　首鋼股份日線圖

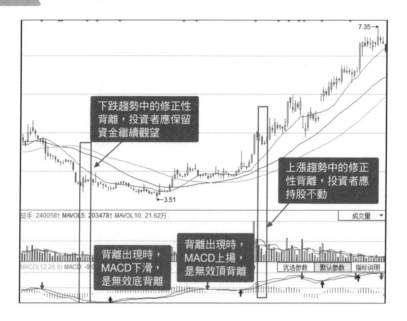

後再進場。

　　另一種情況是在下跌趨勢中，股價向上升，34MA和55MA卻向下滑落。此時投資者應保持觀望，如果13MA轉成走平或是略向上揚，可以進一步觀察技術指標。當技術指標也呈現上揚，投資者應及時進場買股，否則就要繼續觀望和等待。

實戰案例

　　如圖9-10所示，在下跌趨勢中，首鋼股份（000959）在2016年5月12～19日期間接連上漲，但是均線向下滑落，形成底背離。由於MACD指標也向下滑落，此時的背離無效，只應視為修正性背離。修正結束後，股價將繼續下跌，所以投資者應保持觀望不進場。

　　到了2016年8月18日，在上漲趨勢中，均線向上多頭排列，股價卻開始下跌，形成頂背離，但因為MACD指標上揚，此時的背離也屬於修正性背離，投資者要持股觀望。

💡 實戰要領

（1）修正性背離是主要趨勢折返的形態，通常不會改變股價原本的行進方向。只有在行情後期出現的背離，才可能改變原來的主要趨勢。

（2）修正性背離出現時，投資者應先確認前期的股價行進方向，才能準確判斷趨勢的轉變。

（3）修正性背離出現時，如果13MA甚至34MA的行進方向改變，後市往往會有趨勢反轉，投資者應觀察技術指標的訊號做判斷。

（4）修正性背離出現時，技術指標的方向通常不會改變，只會微幅震盪。投資者可以放大技術指標的圖表，或是從更短週期的線圖上觀察這些細微變化。

不同週期的背離共振

不同週期的背離共振是指，在同一時期、不同週期的K線圖上，都出現均線背離形態。這往往代表趨勢很可能會轉向，尤其是長週期圖出現均線背離時，經常會連帶影響短週期圖的趨勢，使短週期圖也出現均線背離。

↑↑ 實戰案例

如圖9-11（見下頁）所示，2016年6月24日至7月1日，廣濟藥業（000952）的週線圖出現股價上漲、均線下滑的均線底背離，同時技術指標向上揚起。後來又在2016年9月2～14日，出現股價下跌、均線上揚的均線頂背離，同時MACD指標走平。

再觀察同一時段的日線圖，會發現在2016年6月24～28日也出現均線底背離，MACD指標也向上揚起。以上構成不同週期的底背離共振，可以據此判定股價見底，趨勢即將反轉，投資者應進場買股。

另外，如圖9-12（見235頁）所示，在2016年9月1～6日的日線圖上，盤中創出23.22元的新高之後，也出現均線頂背離，再加上MACD指標向下滑落，構成不同週期的頂背離共振，可判定趨勢即將反轉向下，投資者應逢高賣出。

| 圖9-11 | 廣濟藥業週線圖 |

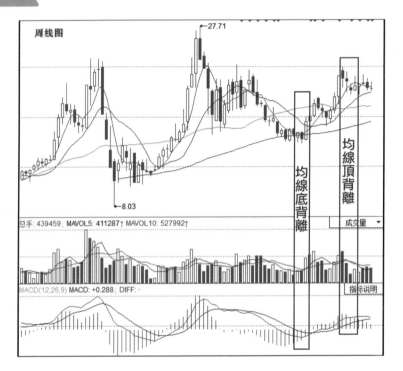

💡 實戰要領

（1）在觀察不同週期的背離共振時，必須確定是在同一時段、不同週期的K線圖上，同時出現一樣的底背離或頂背離。

（2）出現不同週期的背離共振時，如果長週期圖的技術指標訊號不夠明確，投資者應以短週期圖的技術指標變化為準。

（3）在判斷不同週期的背離共振時，投資者應在不同週期的K線圖上採用相同的技術指標，否則將失去參考價值。比如說，在長週期圖上觀察MACD指標，也要在短週期圖觀察MACD指標，不能一個看MACD，另一個看CCI。

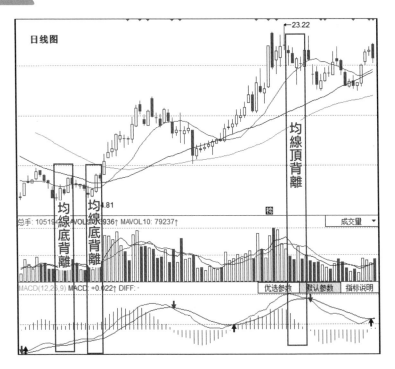

圖9-12　廣濟藥業日線圖

第 **10** 章

小心！發生這些疏忽，
會讓你功虧一簣

10-1 忘記調整均線參數，判斷結果就會南轅北轍

　　雖然135均線系統的指標精簡，使用起來相當便利，買進與賣出的原則也很明確，不過仍有一些規則和眉角，投資者稍不留意就容易忽略，還可能導致投資失利。在實際運用135均線之前，我們必須再次回顧這些重要的操作原則。

忽略週線的參數調整

　　投資者觀察行情時，通常使用日線圖，因此會先在日線圖上調整135均線系統的參數，卻一不小心就忽略週線圖，甚至是分時K線圖上的參數調整，導致判斷失誤。

⇪ 實戰案例

　　如圖10-1所示，2015年7月3日，山大華特（000915）的週線圖出現一陰破三線形態，暗示股價強勢下跌，看似應該賣出股票。

　　然而，這其實是還沒調整均線參數的週線圖。當天確實出現一根陰線，但是它跌破的3條均線，只是系統預設的5週MA、10週MA和20週MA。如圖10-2所示，如果將參數調整為135均線交易法要求的5週MA、13週MA、34週MA、89週MA，就會發現股價只是向下跌破5週MA，34週MA仍具有支撐作用，如果過早賣出，就會錯過後續出現的強勁反彈。

💡 實戰要領

　　（1）在根據135均線判斷行情前，一定要檢查週線圖或分時K線圖的均

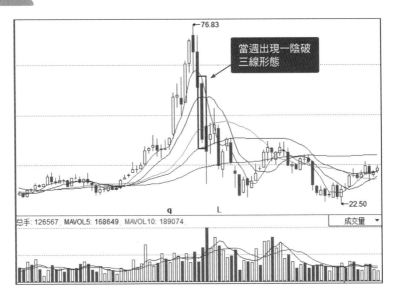

圖10-1　山大華特週線圖（系統預設均線）

當週出現一陰破三線形態

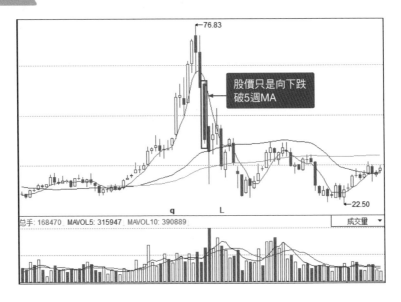

圖10-2　山大華特週線圖（135均線系統）

股價只是向下跌破5週MA

線參數，確認已按照要求修改，才能準確研判行情趨勢。

（2）不同的均線參數代表的意義不同，用在判斷行情時會得出不同的結果。但是，K線圖上顯示的均線顏色，都是相同的一組配色，而且按照設定時的數值大小排列。因為顏色組合都一樣，很容易造成混淆，判斷出南轅北轍的結果。

忽視分時K線的參數調整

相對來說，分時K線圖上的均線變化更快，尤其是1分鐘K線圖，因此正確設置均線參數就更重要，千萬不能忽略。

⬆ 實戰案例

如圖10-3所示，2016年8月19日，同力水泥（000885）於當日午後開盤時，快速鎖死在漲停板，但是在收盤前的一個小時內，60分鐘K線的3MA快速向下滑落，表示股價走勢即將轉變，投資者應果斷在當日賣股出場，不能等到次日再賣出。

然而，如圖10-4所示，如果投資者忘記調整60分鐘K線圖的均線參數，就會看到在當日收盤前的最後一小時內，短期均線只是從上揚轉成走平震盪，行情看似處於高位震盪。

其實，這張60分鐘K線圖上的短期均線，是系統預設的5MA，而非135均線系統要求的3MA。如果投資者根據這條線，研判可以繼續持股，不料次日股價快速回落，就會錯失賣在高點的時機。

💡 實戰要領

（1）135均線交易法的規則是用分時K線圖選擇買賣點，因此一定不能忘記調整分時K線圖的均線參數。

（2）1分鐘K線圖比較少用，但也要事先調整參數，以免疏忽出錯。

（3）調整短週期K線圖的均線參數，不只是為了選擇買賣點，也是方便選股時參考，例如用來判斷短線上的趨勢強弱。如果參數錯了，結果自然不可能正確。

圖10-3　　同力水泥60分鐘K線圖（135均線系統）

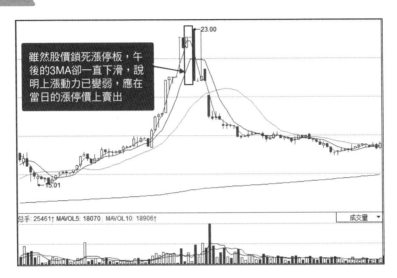

雖然股價鎖死漲停板，午後的3MA卻一直下滑，說明上漲動力已變弱，應在當日的漲停價上賣出

圖10-4　　同力水泥60分鐘K線圖（系統預設均線）

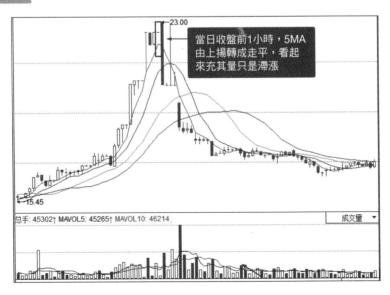

當日收盤前1小時，5MA由上揚轉成走平，看起來充其量只是滯漲

10-2 偷懶不看技術指標和股價位置，難以適時獲利了結

沒有考慮股價當前的位置

不少投資者誤以為，135均線交易法只注重K線圖的形態。其實，K線形態只是基礎，投資者還要結合其他技術指標的形態來判斷買賣時機。也就是說，即使K線出現相同的買進形態，只要技術指標的形態不同，就不一定可以買進。

此外，儘管135均線交易法強調按照形態操作，但是除了表面上的圖形，經常還要符合股價位置的前提，才能判斷形態是否成立，投資者絕對不能忽略。以下結合一個案例來說明。

🏠 實戰案例

落井下石賣出形態指的是，股價經過一波上漲後，先出現一根上漲的陽線，再接著一根開高走低的大陰線，且伴隨成交量放大。

如圖10-5所示，2016年7月26～27日，魯西化工（000830）先是出現一根陽線，緊接著是開高走低的長陰線，且伴隨成交量放大。在其他技術指標中，MACD出現死亡交叉，看似相當符合落井下石賣出形態。

此時，如果按照表面上的形態賣出股票，就會錯失後續的一大波上漲行情。為什麼呢？因為投資者忽略，落井下石形態大多出現在股價上漲後的高檔，而且均線應該呈現多頭排列。

再看看魯西化工2016年7月26～27日的日線圖。其實股價才剛剛離開低位，結束底部震盪，均線才剛剛變成多頭排列，可見股價並非處於高檔。由此可知，投資者在按照135均線交易法的各種買進和賣出形態操作時，一定

圖10-5　　魯西化工日線圖

要先確認形態成立的前提要求。

💡 實戰要領

形態固然重要，但不能只從K線圖片面地主觀認定，否則只是有其形而無其神，只學到表面上的形式，卻無法確實分析行情，更無法掌握形態代表的市場意義。

在技術指標不支持上漲時買進

技術指標的形態是135均線交易法相當重要的一環。無論K線呈現何種形態，最終都要結合技術指標來驗證，再決定是否買進或賣出。投資者千萬不能在技術指標形態不支持上漲時選擇買進。

圖10-6　鐵嶺新城日線圖

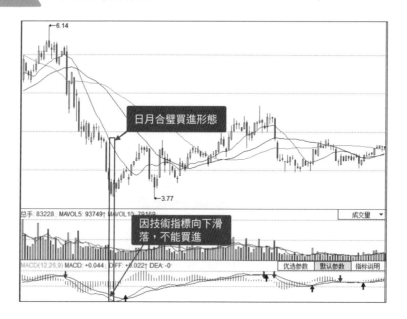

⇧ 實戰案例

2016年1月28～29日，鐵嶺新城（000809）先是出現一根陰線，接著是開低走高的陽線，形成日月合璧買進形態。但是，MACD指標的DIFF線與DEA線依然向下滑落，並不支持上漲，所以此時不能買進，應持續觀察，否則必然經歷2月29日再次震盪走低後，股價創出新低的窘境。如圖10-6所示。

💡 實戰要領

（1）在運用135均線交易法的買進形態時，一定要同時觀察技術指標，唯有技術指標出現黃金交叉或上揚形態，才能放心買進股票。如果技術指標不支持上漲，後市行情經常會發生變化，甚至再次深跌。

（2）考慮到雙十獲利原則，如果在買進時不觀察技術指標，投資者經常會發現，儘管達到持股20日的期限，也很難如願達成20%獲利目標。

10-3 忽視雙十獲利原則與最長極限，利潤將化為烏有

過度死守形態，忽略風險

任何投資方法都有其缺陷和不足，投資者在操作時要靈活應變。比如說，在持股時間上，一旦持有超過55個交易日，135均線交易法將遇到極限，失去參考性，此時股價一旦衝高回落，就應及時賣出，不能坐等賣出形態出現。另一個例子是，如果遇到系統性風險或是個股突發利空，投資者也要立即賣出持股。

☝ 實戰案例

假設在2016年3月11日買進金宇車城（000803），持股接近20個交易日時，依然沒有出現賣出形態，而且股價一直上漲，所以要繼續持股。

如圖10-7（見下頁）所示，持有到第37個交易日時，股價在頭部出現小陰線、小陽線滯漲，5月5日以小陰線跌破13MA，MACD指標出現高位死亡交叉。此時，雖然沒有看到標準的賣出形態，投資者在股價跌破13MA時，就應選擇賣出，否則會因為隨後的快速下跌，導致獲利受損。

💡 實戰要領

（1）135均線交易法的各種買進和賣出形態，只是判斷的基礎。投資者實際操作時，不能過於死板，應該要根據股價的強弱趨勢進行交易，不要空等形態。

（2）除了要小心135均線交易法的操作極限（即55個交易日），系統性風險（例如大盤崩跌引發個股大跌）也是每檔股票都要注意的風險。

圖10-7　　金宇車城日線圖

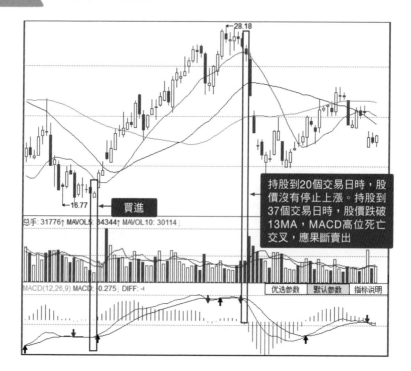

持股到20個交易日時，股價沒有停止上漲。持股到37個交易日時，股價跌破13MA，MACD高位死亡交叉，應果斷賣出

（3）來自上市公司的經營風險也不容忽視，例如：利潤在預期之外大幅下滑、突發利空等等，這些意外都會引發股價瞬間大跌，甚至連續直落，因此是必須考量的交易條件。

忽略或死守雙十獲利原則

很多投資者只會買卻不會賣，所幸135均線交易法能在這方面有所彌補，只要遵守持股20個交易日，最長不超過55個交易日即可。

但是，有一些投資者在買進股票後，隨著股價不斷上漲獲得大幅利潤，就將雙十獲利原則拋諸腦後，最終無法及時發現下跌跡象，導致獲利化為烏有。

另一方面，不能過於死守雙十獲利原則，因為它只是一個大約的時間，

圖10-8   甘肅電投日線圖

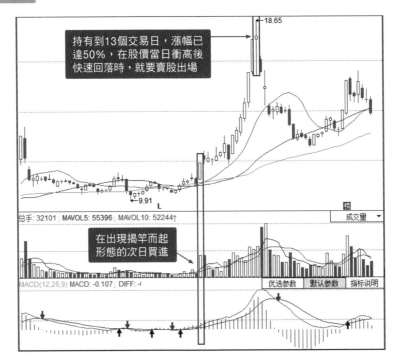

並非規定一定要持有20個交易日。更重要的是當獲利達到20%或以上，就應時刻留意盤中的變化，以免股價快速回落，導致無法在相對高點賣出。

實戰案例

如圖10-8所示，2016年8月22日，甘肅電投（000791）的日線圖出現揭竿而起形態，MACD指標的DIFF線向上揚起，成交量也明顯放大，但因為當日出現漲停，所以在次日選擇買進。

隨後，股價快速大幅拉升，僅僅持有到第13個交易日，獲利就高達50%。投資者應按照雙十獲利原則，在9月9日股價創出新高18.65元後快速回落時，便果斷賣出。

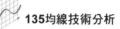
💡 實戰要領

　　儘管雙十獲利原則很重要，但獲利才是最終目標，20日持股期限並非不能打破。例如：假設持股7日即獲利50%，同樣可以在高點賣出，因為妖股有妖股的漲法，也有著不同於一般的下跌的方式（編按：「妖股」泛指暴漲暴跌的個股，而且通常與大盤趨勢背離，怪異的走勢宛如背後有妖怪在操盤）。

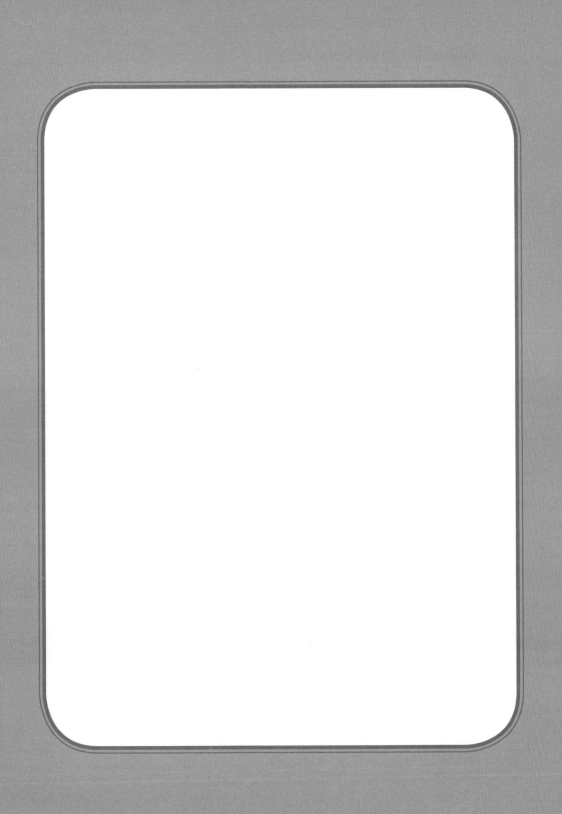

國家圖書館出版品預行編目 (CIP) 資料

135均線技術分析：170張圖精通MA的極致用法，學會如何順應局勢，實現暴賺目標！／股市風雲著
--第二版. --新北市：大樂文化有限公司，2024.05
256面；17×23公分. --（MONEY；054）

ISBN：978-626-7422-27-4（平裝）
1.股票投資　2.投資技術　3.投資分析
563.53　　　　　　　　　　　　　　　　113005620

Money 054

135均線技術分析（熱銷再版）

170張圖精通MA的極致用法，學會如何順應局勢，實現暴賺目標！
（原書名：135均線技術分析）

作　　者／股市風雲
封面設計／蕭壽佳、蔡育涵
內頁排版／蔡育涵
責任編輯／林雅庭
主　　編／皮海屏
發行專員／張紜蓁
發行主任／鄭羽希
財務經理／陳碧蘭
發行經理／高世權
總編輯、總經理／蔡連壽
出 版 者／大樂文化有限公司（優渥誌）
　　　　　地址：220 新北市板橋區文化路一段 268 號 18 樓 之 1
　　　　　電話：（02）2258-3656
　　　　　傳真：（02）2258-3660
　　　　　詢問購書相關資訊請洽：（02）2258-3656
　　　　　郵政劃撥帳號／50211045　戶名／大樂文化有限公司

香港發行／豐達出版發行有限公司
地址：香港柴灣永泰道 70 號柴灣工業城 2 期 1805 室
電話：852-2172 6513　傳真：852-2172 4355

法律顧問／第一國際法律事務所余淑杏律師
印　　刷／韋懋實業有限公司

出版日期／2022年02月25日 第一版
　　　　　2024年05月24日 第二版
定　　價／350 元（缺頁或損毀的書，請寄回更換）
Ｉ Ｓ Ｂ Ｎ／978-626-7422-27-4